U0725898

从0到1
写方案

王一九／著

电子工业出版社·
Publishing House of Electronics Industry
北京·BEIJING

图书在版编目（CIP）数据

从 0 到 1 写方案 / 王一九著．—北京：电子工业出版社，2021.9

（数字化生活·新趋势）

ISBN 978-7-121-41850-1

Ⅰ．①从… Ⅱ．①王… Ⅲ．①网络营销 Ⅳ．①F713.365.2

中国版本图书馆 CIP 数据核字（2021）第 172226 号

责任编辑：周　林　　　　　　特约编辑：田学清
印　　刷：天津千鹤文化传播有限公司
装　　订：天津千鹤文化传播有限公司
出版发行：电子工业出版社
　　　　　北京市海淀区万寿路 173 信箱　　　邮编：100036
开　　本：720×1000　　1/16　　印张：19.5　　字数：249.6 千字
版　　次：2021 年 9 月第 1 版
印　　次：2021 年 9 月第 1 次印刷
定　　价：68.00 元

凡所购买电子工业出版社图书有缺损问题，请向购买书店调换。若书店售缺，请与本社发行部联系，联系及邮购电话：(010) 88254888，88258888。

质量投诉请发邮件至 zlts@phei.com.cn，盗版侵权举报请发邮件至 dbqq@phei.com.cn。

本书咨询联系方式：zhoulin@phei.com.cn，QQ 25305573。

推荐序

＋

王一九，原名王曦，相比之下，后面这个名字不好写，更不好认、不好读。

"在互联网普及的环境下，一个人起的网名是为了让别人记住，也是为了好查，更是为了好打字，这种出发点也会转化为人气。"我听到一九这样的解释，觉得他才是真正的网络人。他对网络、对人的理解十分深刻，成了我的"创意与创新"课程（这门课马上就要面向全国开通了）中的案例人物，而他起名的办法，很有可能变成大家的通用办法。

我让他在暨南 E 读书会再讲一次如何打造个人 IP，因为我觉得他受邀在暨南大学创业学院讲课的内容十分"落地"，而他的理念还需要更加普及。他有一个重要理念，就是"每个人都可以成为专家，而每一位专家的知识都可以让人们共享，由此可以形成课程"。

如果课程设计做得好，就可以让人们愿意免费或付费听课，这样就可以把日常工作所积累的经验奉献给社会了。如此，一个人通过工作挣了钱，同时用这种传授经验的方式为社会做了贡献。这种理念非常有必要向那些读了 EMBA 的学生普及，他们有重要的工作经验，却经常被埋没在日常琐碎的事务中，不愿意抽时间总结。

所以，我想请他给 EMBA 的学生——那些愿意提升自己的学生"洗洗脑"，让他们在经营企业时写好营销方案，同时把实际经验写出来，为社会做贡献。王一九的这套极简写方案的方法确实能帮助他们。

在讲课或写作的过程中，他经常讲自己的例子，这一点与我相同。因为这样做是自己想、自己做，真切而实在，表里如一，言行一致。他讲的一些方案训练，不仅对自己非常有效，而且对其服务对象也通常是极具变革性的。我听他讲到这里的时候就想，他应该把做方案的经验也公开出来，与社会分享。

前几天，他忽然向我报喜，说又写了一本书。我简单看了一下，基本上符合我的期望。他让我写序，我首先向他表示祝贺。我知道他的想法，他想把自己的经验提炼出来，让更多的人学会用最简单的方法写营销方案。

以前，他为世界 500 强公司写营销方案，也为中小企业写营销方案。他的《从 0 到 1 打造个人品牌》我看了，方法非常"落地"，极具实操性。我还将其推荐给了暨南 E 读书会的全体学员。他用心总结的这套极简写方案法，教给大家仅仅通过 4 步就能写出好的方案，人人都能学得会、用得上。有相当一些人在写品牌方案、营销方案、个人发展方案时，都觉得找不到切入点，也找不到感觉，但如果认真看了这本书，应该能从中找到想要的方法。

暨南大学创业学院院长、产业经济研究院产业经济学专业博士生导师

张耀辉

前 言

+

怎样才能写出好方案？就是要本着"格物"精神和极具"诚意"的心态。"格物"就是要不断地打磨自己的方案，5 遍、10 遍地反复打磨，最终打磨出一个好方案；"诚意"就是不自欺也不欺人，不夸大效果，不危害消费者。写方案就如同做人，不要贪功好利，要走正道，不要走弯路——不走弯路，就是最快的路。

你有没有发现，那种"拍脑袋"做决策的方式，总是在执行的时候漏洞百出，本来一个 100 分的好创意，却变成了 50 分的结果。而那些世界 500 强公司，总是事事有方案，执行很规范。

无论是公司还是个体，要想有竞争优势，就应该写方案，根据方案去完成工作。无论是解决问题还是制定策略，请拿起笔，把方案写出来，为严密的结论提供有效的依据。

在日常工作和生活中，你身边可能有这样的人——

- 总裁助理，需要写年会方案；
- 营销人员，需要写节日促销方案；
- 项目负责人，需要写产品发布方案和投标方案；

- 创业者，需要写能够打动投资者的商业方案；

- 互联网运营者，需要写粉丝裂变方案；

- 微商团队负责人，需要写团队拓展方案；

- 在家照顾孩子的宝妈，需要写儿童成长方案。

好的方案，能让自己的发展加速，付出同样的努力，能得到更好的结果。我身边的案例比比皆是——

- 将写好的方案提交给领导后，很快得到了升职加薪的机会；

- 通过撰写和执行自我发展方案，月薪从1万元上涨到3万元；

- 兼职为客户写促销方案，获得了5万元的收入；

- 开设课程并分享技能方案，月收入超过10万元；

- 为客户写产品推广方案，获得了30万元的销售分红；

- 为客户写品牌规划方案，获得了120万元的策划方案费。

如今，会写方案的人正在悄悄崛起。自己创业、开展活动、融资、自我发展，都需要写方案。从本质上来讲，方案是一个实现商业变现的工具，可以体现一个人考虑问题、分析问题、解决问题的思路。

方案的应用如此普遍，但是很多人经常抱怨不知道应该从何下手。对于写方案，有些人可能没有思路，总是耗费了很多精力却没有得到好的效果；有些人甚至一个方案要写3个月，结果还被领导要求反复修改；还有些人对自己写的方案没有信心，总觉得缺点什么东西。

2018年，我开设了网络课程，有十多万人收听，我还建群专门为学员解答问题。在此基础上，我进行了本书的创作，希望大家可以从本书中获得有价值的启示和灵感，可以成为写方案高手。

为了帮助大家解决写不好方案的问题，我把过去十几年写方案的经验总结成一套极简写方案法，摒除那些艰涩难懂的东西，让零基础的人也能学会写方案。本书总结了以下 6 个方面的内容。

（1）人人都能学会的 4 步极简撰写法则。

（2）基础方法篇：8 个最基本的步骤搞定完整方案。

（3）进阶技能篇：方案高手必备的六大技能。

（4）实战案例篇：可模仿、可直接套用的 7 类典型方案。

（5）高阶思维篇：进阶年入百万元的方案达人。

（6）认知突破篇：引爆你的认知突破。

写方案是贯穿本书的一条主线，内容以我操作过的案例为主，旨在让大家真正理解"为什么"，以便更好地解决"怎么办"的问题。中高层管理者、营销人员、创业者，以及有写方案需求的人，可以立即试用本书中的方法，以提升自己的系统性能力和核心竞争力。

本书还涉及一些撰写个人发展方案的内容，如果大家想要更加深刻地理解个人发展方案，我强烈建议阅读我的另一本书《从 0 到 1 打造个人品牌》——这本书上市 3 个月就在京东个人品牌类图书中排第一名。这两本书互为补充，能帮助大家实现品牌与策划技能的提升。同时，我还为大家准备了十大行业方案模板和世界 500 强公司经典方案集，加我微信（63123860）即可领取。

本书的完成离不开亲朋好友的支持，特别感谢我的爱人和我的父母；

感谢我的几位老师：张帆、张耀辉、李炳池、华杉；

感谢我的朋友们：杨军龙、方贤赟、姜晓梅、Peter、成晓红、王建东、陈雨思、林妍如、容亦、唐小丽、罗智禄、刘一诺等。

目录

第3章 +

进阶技能篇：

方案高手必备的六大技能

第4章 +

实战案例篇：

可模仿、可直接套用的 7 类典型方案

**第
5
章
+**

高阶思维篇：

进阶年入百万元的方案达人

**第
6
章
+**

认知突破篇：

引爆你的认知突破

第 1 章

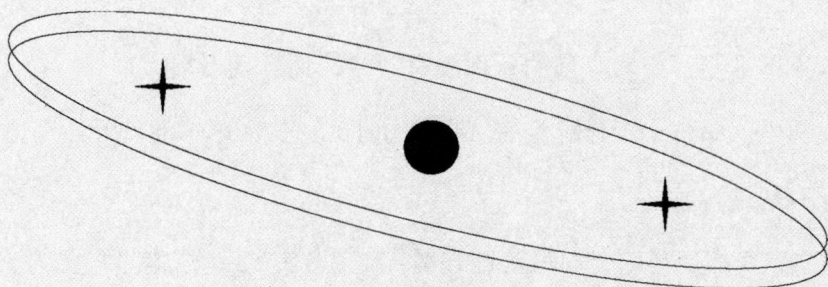

人人都能学会的
4 步极简撰写法则

✦ 4 步极简撰写法则：

帮你节约一半的时间

人人都需要写方案。是的，你没有看错，请听我慢慢道来。

我从事营销咨询工作已经有 14 年的时间，从大学毕业就开始写方案，从来没有想过转行。

以前，我都是帮助公司写营销方案、品牌方案、活动方案、广告方案等。

今年我在网上开设了一堂名为"如何成为一个年入百万（元）的方案高手"的课程，被推送到了荔枝微课的首页。后来，我又与网易云课堂、华为云音乐、懒人听说、千聊、创业邦、WPS、壹职场等 30 多个平台签约。我的课程被超过 10 万人订阅。这是我万万没有想到的。

其中，70%订阅课程的人不是专业的营销人，也不是身处策划岗位的人，这与我预想的差不多。写方案并不只是专业的营销人或策划人的事情。可以这样说，只要有问题，就需要方案。往大了说，普天之下，所有的问题都需要方案。

只要有问题需要解决，就需要方案，而我们每时每刻都在解决各种各样的问题。只不过，很多时候，我们没有把方案写出来，只是把方案在脑中过了一下，就开始执行了。

我敢肯定，如果人们在生活、工作中都有运用好方案的思维，懂得把要解决的问题写成一个简单的方案，哪怕是一页纸的方案，那么结果会有很大的不同。

我来举一些例子。做营销的人需要写营销方案；做微商的人需要写微商运营方案；开连锁店的人需要有店面经营方案；做人力资源的人需要规划公司的人力资源方案；程序员也需要写产品开发方案。要创业的人就有更多的方案要写，包括营销方案、产品方案、财务方案等；如果需要融资，还有融资方案。哪怕一位宝妈，其实也是需要写方案的，如果想培养出一个优秀的孩子，就需要育儿方案和前途规划方案。此外，要"搞定"未来丈母娘，需要一套取得对方信任的方案；要结婚，则需要一套结婚典礼方案。

我们可以试着想一想，假如一个结婚典礼没有方案，会不会出现很多纰漏？难道有人希望自己穿着婚纱或礼服去指挥现场、解决问题吗？那些完美的结婚典礼，都是提前1个月就已经有了方案并且试验过很多次的。

在生活中，我们习惯想到什么就去做什么，很少把方案写到纸上。但世界500强公司通常会要求员工每做一件事情，必须有方案。因为员工把方案写到纸上的过程中会进行更多的思考，会更注重策略性和计划性。这样会事半功倍。

我从2004年开始为中国移动、中国联通、招商银行、浦发银行做营销策划，包括品牌宣传、新闻发布会、展会、内部文化活动、年会、员工生日会等。当时，这些公司召集了全球著名的国际 4A 公司参与方案的竞标，而我就是那个经常参与竞标的人。

究竟什么是方案，方案的本质是什么？我们首先来谈一谈这个问题。很多公司称自己是解决方案提供商。例如，华为是通信解决方案提供商，IBM 是商用机器解决方案提供商。这些知名的公司都在提供解决方案。解决方案是什么意思？就是用来解决问题的方案。方案是用来解决问题的，如果你学会写方案，就能拥有系统地解决问题的思维和方法。如果你把要解决的问题写出来，形成一套完整的方案，就会发现自己的思路会更清晰，做起来事情来也更省时、省力。久而久之，你就会形成一套快速、高效解决问题的思路。对，就是思路，思路决定一个人做事情是产生 1 分收益还是 100 分收益。

有人说写方案很难，对于这些人来说，不要说写方案了，就是看完别人的方案，都可以把自己搞晕！很多时候，这些人会觉得看不懂方案的原因是自己的水平太低。

我以自己 14 年写方案的经历，以及在世界 500 强公司提案超过 100 多次的经验保证，凡是让人看起来很累、能把人搞晕的方案一定不是好方案。好方案一定是简单的，即使水平一般的人也能看得懂、学得会！

大道至简，这是 5000 年来智者总结出的道理。在《隆中对》中，诸葛亮为刘备谋划了取得天下的方案，这个方案仅仅 600 多个字；在《道德经》中，老子讲述了修身、治国、用兵、养生的方案，这个方案也仅仅 5000 多个字。可见，一个好方案一定是简单的。

关于写方案，很多人有这样一种感觉：想了很多，等到坐在电脑前打开PPT以后，1天才写出1页。有时，有的人还会为了搜集模板花费1个小时，之后又参考很多方案。在大多数情况下，有的方案分为4个部分，有的方案分为6个部分，有的方案分为8个部分。有的人既想参考这个方案，又想参考那个方案，结果纠结了很久还是没有动笔。

很多书在教如何写方案时，总是极尽所能地把事情搞复杂，而很多广告公司也习惯把方案搞复杂，动辄一两百页PPT。我甚至见过为了阐述一个广告语就写300页PPT的方案。

广告公司为什么要这么做呢？因为把方案搞复杂可以让客户觉得方案很高深，并且愿意出更多的钱购买。想象一下，如果客户来咨询，而我们只提供了一个10页PPT的方案，那么客户会愿意出300万元吗？要知道，很多咨询公司的咨询费在300万元左右，国际型咨询公司的咨询费更是高达1000万元。

实际上，真正有效的方案从来都不是复杂的，这便是"大道至简"。复杂的理论是对大脑的一种干扰。大脑在各种写法之间不断切换，会导致人们无法快速进入写方案的状态，最终白白浪费了很多时间。写方案最大的问题是什么？是没有一套简单而标准的逻辑——人们每次都需要重新思考，并在思考中不断纠结。在这种情况下，大脑还没有开始思考真正的问题，就已经处于疲劳状态了。

那么，怎样才能快速、高效地写出一个方案呢？这里涉及一个概念：流水线生产方案。也就是说，需要将方案的生产过程标准化。于是，我总结出了"4步极简撰写法则"。

我和很多学员讲过，在做公司的营销方案时，就使用"4步极简撰写法则"。每个方案都按照这个结构填充内容，两天就可以把公司的营销方案写完。整个过程就像流水线一样，只需要按照结构填充内容。这样写出来的方案非常简单，容易理解和执行，而且可以节省大量的时间。

"4步极简撰写法则"有4个步骤：

第一个步骤是分析；

第二个步骤是策略；

第三个步骤是规划；

第四个步骤是执行（表）。

这就像一个猎人的狩猎一样。

第一个步骤：分析猎物的特点。这个猎物是擅长长跑呢？还是擅长爬树呢？是力大无穷呢？还是长了翅膀会飞呢？猎人在狩猎时，只有分析猎物的特点才能成功获取猎物，否则有可能被猎物伤害！

第二个步骤：思考获取猎物的打猎方式，找到最佳的策略。最佳的策略能让猎人成功捕获猎物，而自己不受伤害。使用最佳的策略，即使一个猎人也可以打倒猛虎狂狮。而使用不好的策略，即使一群猎人也可能一无所获，甚至被猎物所伤。

如果猎物擅长长跑，就在路上设置陷阱；如果猎物擅长爬树，就设置天网；如果猎物力大无穷，就不要与其近距离搏杀；如果猎物会飞，就使用弓箭。

第三个步骤：规划获取猎物的路线。猎人需要研究通过几步能够将猎物抓住。例如，先用箭射，如果猎物负伤逃跑，就将其引入提前设置的陷阱。

第四个步骤：做好执行计划表，合理分工，开始行动。

在市场经济下，做方案是为了获取客户，这和猎人获取猎物是一样的道理。下面以美容店的开业庆典方案为例，看看应该如何正确使用"4步极简撰写法则"。

1．分析

要如何分析呢？可以使用3C分析法。3C分析法是分析竞争对手、分析客户、分析自己。

◆ 分析竞争对手

一般要分析周边3公里以内的美容店，了解这些美容店的场地设置、项目、收费标准、促销活动、客户满意度等情况。在3公里之内，必定有美容店做得很好，也有美容店做得很差。我们应该分析美容店做得很好的原因是什么，做得很差的原因又是什么。在分析时，最好的方法是去实地调研，亲自体验，这样可以让结果更准确。

◆ 分析客户

一般要分析周边3公里以内的客户，了解这些客户的消费习惯、经济状况、平常在哪里做美容、愿意花多少钱。如果有的客户长期在一家美容店做美容，就要重点了解其原因；如果有的客户经常更换美容店，那么也要找出原因。在分析客户时，尤其要关注周边 1 公里内的客户，因为美容店是一个就近消费场景，服务好这些客户就成功了一大半。

◆ **分析自己**

一般要分析自己开的美容店有什么优点和缺点，装修是不是够好，服务有没有特色，价位有没有优势，自己的服务水平能不能与周边的美容店竞争等。有的人可能会问，举办一个开业庆典，为什么要做如此烦琐的分析？不可以直接开始写如何操作吗？

确实，很多方案就是因为没有经过仔细地分析，才会导致活动做得都不太成功。甚至很多店维持不了多长时间就挂上了"旺铺转让"的牌子。我相信没有人会喜欢这样的牌子。

在做完了分析之后，可以先把基本情况和目标写出来，再写策略，这样可以让方案更明确。下面来看一个范例。

场地：美容店门口。

人数：200 人。

目标客户：周边女性、附近上班的白领、美容专家等。

活动目的：告知目标客户美容店开业，进一步提升影响力。

目标：发送 1000 张体验卡；成交 100 个普通客户、10 个 VIP 客户；当天营业额达到 10 万元。

在上述范例中，1000 张体验卡、100 个普通客户、10 个 VIP 客户、10 万元营业额都是明确的数据，也是具体的目标。假如目标是邀请更多人参加、提升美容店的知名度、尽快让更多的人进店消费，那么这个目标就不明确。

如果设置了一个不明确的目标，就无法衡量方案是否成功。很多活动做得很热闹，领导也觉得很好，但究竟好不好，还需要看业绩才能知道。所以，不要被表面的现象迷惑了，不要觉得很有创意、热闹非凡的活动就是好活动，很多只是虚假繁荣。只有活动目标清晰，才能做出更有效果的方案，才能真正帮到客户。

2．策略

策略就是一种达到事半功倍效果的手段。好的策略一定可以超越普通做法。以美容店开业为例，摆设一些花篮、现场来了 200 人、领导讲话、请人唱歌和跳舞都是普通做法，是没有策略的活动，产生不了好的结果，也无法实现发放 1000 张体验卡、营业额达到 10 万元等目标。

那么，如果美容店的目标是发送 1000 张体验卡，而现场只能容纳 200 人，此时应该如何做呢？有一个策略叫用户裂变，即现场虽然只能容纳 200 人，但要是这 200 人每人转发一条朋友圈邀请 10 个朋友来领取体验卡，就可以变成 2000 人了。

如果想领取一张体验卡，就要转发一条信息到朋友圈，告诉自己的朋友这里有一家美容店开业，可以领取一张价值500元的体验卡。同时，朋友也可以来领取价值500元的体验卡，但仅限3天内。

假设有200个人转发消息，每个人有2000个朋友，那就相当于告知了40万人。当40万人知道了这个消息时，发放1000张体验卡是非常容易的事情。有的人可能会说，美容店发1000张体验卡会不会亏钱呢？当然不会！新店开业最重要的就是客户源，有了客户源盈利是顺理成章的事情。

如何促使客户成交呢？美容院的策略是设置"诱饵"加限时折扣。例如，在开业当天成为会员可以获赠同等价值的产品。也就是说，购买3000元的美容卡，当天就可以获得3000元的产品。这样客户不仅可以获得3000元的产品，还可以做3000元的美容。

这样做会不会亏本？当然不会。因为3000元的产品，成本可能是300元。即使再加上3000元的美容，总成本也不会超过1500元。美容店只是少赚一点钱而已。在开业时，美容店要想办法获得更多的现金，因为有了现金才能经营下去，才能不断扩张。而客户买了美容卡，不会当天就消费完，也许一年都不会消费完。

有了这两个策略，第一批客户就有了，美容店一开业现金流就可以为正了。而这要归功于这个成功的方案。

实际上，这两个策略可以说成是裂变的策略，而裂变的策略仅仅是第一个步骤，第二个步骤是再做一次裂变，即让第二次来领取体验卡的客户再转发朋友圈邀请朋友来领取体验卡。如果有 1000 个人，每个人邀请 5 个朋友，就变成了 5000 个人。如此，客户就会越来越多，而美容店需要做的是筛选高价值客户，然后继续裂变。有了这个策略是不是就万事俱备了呢？并不是，因为需要去实践。

3．规划

规划就是安排好这场活动的内容。就一场活动来看，大概包括场地布置、人员邀请、物料制作、活动流程、活动宣传等内容。例如，在进行场地布置时，最好的方法是画一个场地布置图。有了这张图，既省时，又省力。在人员邀请方面，如果是线下邀请，就需要有邀请函；如果是线上邀请，就需要策划邀请文案或朋友圈海报。

那么，如何做活动宣传呢？至少有三种方式：微信宣传、发放传单、在周边社区做广告。这三种方式可以交叉使用，可以把微信朋友圈的内容、广告的内容统统写进方案里。

4．执行

活动执行就是具体如何做。与活动规划相比，活动执行更详细，会具体到每一个流程、每一个时间节点要做什么事情。一般我会制作一个活动执行表，而不会写几十页的方案。表格有一个巨大的好处是可以自动计算人员数量与费用预算。

在写活动执行时，3个表格就够了：人员分工表、活动流程表、活动物料表。

人员分工表：确定哪些人员做什么事情。只有分工明确，才能有条不紊，才不会出差错。如果没有提前进行分工，到现场以后，你就会发现有些事情没有人去做、有些事情大家挤在一起去做。如果大家都一起去做一件事情，那么肯定会导致人员拥挤，现场也会十分混乱。提前做好人员分工表是确保活动有条不紊进行的最佳方法。想象一下，如果一场1万人的演唱会没有做好分工会是多么可怕——现场的声音很大，组织者喊破嗓子也不一定管用，很多踩踏事件就是这样发生的。

分工要落实到具体细节上。例如，你想让小王准备200份资料，就不能简单地写"小王准备200份资料"，而应该写"小王要在周一印刷出200份资料，活动当天搬到现场，分发到每个嘉宾座位的椅子上，而且必须在活动开始前1个小时内分发完毕"。这样，小王就会清楚地知道自己要在什么时间完成什么事情了。

活动流程表：从活动开始的那一刻，到活动结束的那一刻是如何安排的，包括主持人什么时候开场、店长什么时候讲话、现场的促销宣传什么时候做等。

一般，每过几分钟就要安排一个事情。例如，10:00到10:05是主持人出场的时间，10:05到10:15是店长讲话的时间等。为什么要写这么详细呢？因为至少有 3 个人要看，主持人、音响师、上台发言的人。我们必须把活动流程具体到每一分钟。

活动物料表：任何一个活动都需要很多的物料。在活动物料表上，要写出物料的规格、尺寸、费用。以美容院开业庆典为例，就需要有舞台、音响、花篮、条幅、海报等物料。那么，舞台需要多大呢？应该去现场测量场地，根据场地的大小决定舞台的尺寸。此外，条幅的尺寸也需要测量，条幅上印制什么字也要写出来。

很多人不愿意做活动物料表，认为自己能记住。其实，如果你做了很多活动就会发现，自己根本记不住这么多东西。尤其是大型活动，如3000 人的论坛活动，现场需要很多物料，需要分工给不同的人去准备。在这种情况下，你就必须有活动物料表，有了这个表，你就可以逐一对照检查，查漏补缺。

把这 3 个表格做完整，人、物、流程都有了，活动执行一般也就没有问题了。活动的总指挥可以拿着这 3 个表格到现场去核对，一旦哪个环节出了问题，就立刻找当事人解决。

通过这个例子可以知道，只需要 4 个步骤，我们就能很轻松地写出一个方案。其实很多大型活动的方案都可以通过这 4 个步骤来写。200 人的开业庆典可以这么写、两千人的论坛可以这么写、两万人的演唱会同样可以这么写。

如果想追求一个人，也可以按这 4 个步骤写方案。如果想追求一个女孩，但没有方案，那么失败的概率在 99%以上。所以，还是准备一个完美的方案吧！

在这个方案中，你要分析女孩是什么性格的、有什么爱好、每天的生活轨迹如何、喜欢看什么书、爱吃什么食物、有哪些好友，还要分析自己有没有竞争对手，以及自己是一个什么样的人，这样就可以做到知已知彼了。

接下来，要制定策略：是情感打动，还是心灵共鸣；是展示自己的才华，还是展示自家的豪宅；是探讨哲学显示自己的学识，还是探讨如何写营销方案展现自己的解决问题能力。总之，必须有一套基于个人条件的策略。

之后，应该规划行动步骤：相识、相处、相知。在相识方面，是想巧设偶遇还是请朋友介绍？在相处方面，是想与对方一起娱乐还是一起工作？在相知方面，是想自我表现还是让朋友夸赞？

最后，制订计划表。在两周内，可以创造多次接触的机会，如巧遇、借书、吃饭、一起工作、探讨电影、讨论哲学、谈论梦想、规划未来等，这样可以完成一个良好男士的形象塑造，进而进入对方的候选人名单。此时的成功率大概可以提升到 50%。

或许，这样还是不行，因为还有三个竞争对手也喜欢那个女孩。这些竞争对手一个长得很帅、一个学历很高，还有一个是富二代。在这种情况下，你可以执行另一个方案——一个可以"以弱胜强"的方案。

在这个方案中，第一部分是分析，即列出一个表格，把自己和三个竞争对手的具体情况列在一起，比较一下各自的优势。你可以从外貌、年龄、性格、经济条件、工作技能、未来潜力、是否会做饭、是否懂历史、是否懂电影等因素进行分析。总而言之，只要是女孩在意的东西，就可以列进去。

第二部分是策略。应对帅的竞争对手，你可以打扮一下自己，穿一身比较得体的衣服，把头发整理得干净清爽一些，让女孩看到你更好的模样；应对高学历的竞争对手，你可以找个机会与她一起谈谈有趣的电影或历史故事，让女孩觉得你很有内涵；应对经济实力比较强的竞争对手，你可以多与女孩谈谈梦想，把自己塑造成一个很有潜力的人。此外，你还可以展示一下做菜、唱歌、做方案等技能。

你可能会想，这样的策略是不是有点不妥呢？其实不然。你只是在用策略为自己争取幸福生活，并没有做伤害他人，或对他人造成很大影响的事。从这个角度看，你的策略没有什么不妥。市场有竞争就有胜负之分，只有你把自己变得更好，女孩才可能会选择你，而放弃你的竞争对手。

第三部分是规划，即规划出应对竞争对手的总体步骤和行动方式。

第四部分是执行，可以制作一个执行表，严格按照这个表做事情，"俘获"女孩的芳心。

这是一个"以弱胜强"的案例。在激烈的市场竞争中，公司要"以弱胜强"，就需要好的方案。

我们来总结一下"4步极简撰写法则"：首先是做好分析；其次是做好策略；然后是做好规划；最后是做好执行（表）。这个法则适用于大部分的方案，也适用于解决与生活、工作相关的大多数问题。

实用小贴士 ✈

1．写方案的目的是解决问题。无论解决何种问题，都需要方案。

2．"4步极简撰写法则"包括分析、策略、规划、执行（表）。

3．"4步极简撰写法则"不仅可以用到专业岗位上，还可以用到日常生活和工作中。

本节的核心概念是什么？

_____

本节的核心内容是什么？

_____

你学习本节的收获是什么？

_____

本节互动

回顾一个你以前做过的方案。

_____

这个方案如果用"4 步极简撰写法则"来做，那么你会怎么做？

_____

列出上述方案的 4 个步骤。

_____

✛ 第一步分析：

学会 3C 分析法，做到知己知彼

    分析是将复杂的事情逐渐拆分，以便对这个事情有深刻的理解。我们做方案一般应该采用 3C 分析法，即分析竞争对手（Competition），客户（Customer）、公司自身（Corporation）。

    分析是写好一切方案的前提，没有经过分析的方案，99%都会失败，剩下的 1%，是累积了 500 年的好运气才成功的。分析真的那么重要吗？当然！

    只要稍微留意就会发现，小区附近和公司楼下经常有店转让，这就是没有仔细分析就盲目开店的结果。这些店会先亏损，然后悬挂"旺铺转让"的招牌。我身边有很多朋友在创业时，没有经过仔细分析就开始研发产品，以为只要产品好就可以赚很多钱，结果不到 1 年的时间，公司就关门大吉了。这种例子每天、每时、每刻都在发生。搜狐的数据显示，我国每分钟就有两家中小型公司倒闭。看到这个数据，我们是不是应该在研发任何产品、开任何店之前先进行一番详细分析呢？

    这究竟是为什么呢？因为我们处于一个竞争十分激烈的市场环境中，我们能想到的绝大部分产品，都已经被研发过了。当客户已经体验过各种产品时，如果我们想在竞争中取胜，就必须知道竞争对手的弱点及客户的痛点。

假设只有一个人在研发某个产品，那么这个人可以省下分析这个环节，只需要埋头做就可以了。然而，在现在的商业环境中，我们必须做足够的分析才能取得胜利。要是不相信，请看看下面这三个相差悬殊的小店。

我家旁边的小区有一家"钱大妈"门店，口号是"不卖隔夜肉"。这家店的菜并不便宜，但卖得非常好。有时，我下午 6 点左右去买菜，菜就已经售罄了。我想这家店一定做了周全的客户分析和竞争分析。一方面，住 7 万元/平方米房子的人，消费水平肯定不低。另一方面，小区附近没有菜市场和超市，想必人们不会为了省几元钱就跑到很远的地方买菜。

不过，另一个小区的蔬菜店就没有那么幸运了。这家店的口号是"只卖农家菜"，菜是从农村直接运来的，价格是菜市场的两倍到三倍，而且并不美观。要知道，现在是一个讲求颜值的时代，不美观的菜怎么去吸引都市白领丽人？

事实上，这家店的对面是菜市场，菜的价格仅仅是这家店的二分之一。另外，小区是由城中村改造而来的，附近居民的消费水平不是很高。在这样一个对面就是强大的竞争对手、客户的消费水平尚属一般的地方开一家店，经营困难是必然的结果。即使店主的经营水平再高，想要盈利也是十分吃力的，关门是迟早的事情。

我有一个习惯，那就是看到什么事情总想研究一下。有几次我路过那家店，还特地去研究了一番。当时，我预计这家店支撑不了半年。果然，就在我开始写这本书的前一周，这家店挂上了"旺铺转让"的牌子。

后来，在那个城中村小区的门口新开了一家奶茶店，还是加盟的一个知名品牌。这家店的奶茶做得不错，价格也比商场便宜了 5 元左右。我特意进去喝过两次，一次是上午 11 点左右，店里只有两个人；一次是下午 3 点，店里有 4 个人，其中还有两个穿拖鞋的。

我非常好奇，便要了一杯红豆奶茶，和"店员"聊了几句——实际上这个"店员"就是老板。老板和我说，这个店的租金是 5000 元/月，转让费是 20 万元，采购设备花了 10 万元左右……

真是替老板可惜，因为我预计这家店同样支撑不了半年，甚至有可能 3 个月就会挂上"旺铺转让"的牌子。我估计老板是辛辛苦苦存下了 30 万元，想通过开店致富的。但很遗憾，他没有分析周边环境就贸然开店，失败是必然的结果。

如果是你，你会如何分析这家店呢？比较好的方法是本节介绍的 3C 分析法。由于老板非常了解自己和这家店的情况，我就不对此多做赘述，因此，接下来我会从环境和目标客户入手对这家店进行分析。

◆ **先分析环境**

城中村小区的居民消费水平不会很高；外来人口又比较少，因为人们出门闲逛会选择商场、公园、景点等，而不会选择城中村附近。白天，年轻人都去上班，老年人没有喝奶茶的习惯；晚上，大家上了一天班都已经很累了，通常会选择回家做饭吃，然后洗澡、看电影、上网，喝奶茶的概率比较小。

◆ 再分析目标客户

人们为什么去喝奶茶呢？因为想和朋友聊天、约会或进行商务洽谈。奶茶是一种约会的道具，人们喝奶茶需要一个良好的环境。我喜欢去星巴克喝咖啡，不是因为我需要一杯咖啡，而是因为我需要那个环境，一个可以坐下来聊天的环境。人们约会、与朋友见面一般会选择商业区或商场附近，而不是城中村附近。

奶茶店旁边的理发店和沙县小吃就经营得不错，有时还有一些人在排队等待。理发店和沙县小吃的装修与服务未必很好，为什么会经营得不错呢？这一点儿也不奇怪。因为奶茶不是刚需，人们可以一个月不喝奶茶，也可以一年不喝奶茶，但绝对不能一年不理发，更不能一年不吃饭。理发、小吃、早点、便利店、送水、送气都是生活的刚需，在小区附近，即使是城中村小区附近，这类店铺的生意也不会很差。

线下开店要分析，线上销售产品就更需要分析了，因为线上的竞争更集中。在线上，所有同类的生意都有可能对你构成威胁。如果你要卖面膜，就需要分析市场上有哪些面膜、这些面膜的优点和缺点是什么、价格是高还是低、是不是知名品牌、用户口碑如何。之后，你还要分析消费人群，了解他们的需求和痛点是什么，同时分析自己的面膜有什么优势。假设你卖的是蚕丝面膜，就要突出蚕丝面膜的独特之处。

3C 分析是日本战略研究的领军人物大前研一（Kenichi Ohmae）提出的，可以对公司的战略产生很大影响。只有把这三个要点逐一拆分，你才能全面理解自己要做的产品是不是有市场，才能找出更好的策略来写方案。

　　1．分析是将复杂的事情逐渐拆分，并对这个事情进行深刻理解的过程。

　　2．3C 分析即分析竞争对手（Competition）、客户（Customer）、公司自身（Corporation）。

　　3．如果你想开创一项事业，记得从多维度进行分析，不要让自己的辛苦钱白白浪费。

为什么要做分析?

_____

什么是 3C 分析法?

_____

如何使用 3C 分析法?

_____

猜猜那家奶茶店还"活"着吗。(本书后面的章节有介绍。)

_____

用 3C 分析法分析一个小店。

_____

假如是你,你会自己开店吗?

_____

✛ 第二步策略：

在 100 个方法中找到最优的那个

如果分析是写好方案的前提，那么策略就是方案的灵魂。没有好的策略，就很难写出好的方案。什么是好的方案呢？举个例子：如果某公司请人做了一个产品营销方案，结果 1 年以后，销售额提升了 20%，这就不是一个好的方案——因为这家公司凭借自然增长也可以让销售额提升 20%。

过去，策略也叫谋略，刘备请诸葛亮出山就是看中了他的谋略。在没有诸葛亮之前，刘备虽然有关羽、张飞、赵云等天下有名的战将，但还是屡战屡败近 20 年。自从诸葛亮提出了"三分天下"的重要策略之后，刘备才开始转败为胜。

究竟什么是策略呢？我们看看百度百科的解释：策略指计策、谋略，可以分为三种情况，一是实现目标的方案集合；二是根据形势发展制定的行动方针和斗争方法；三是需要注意方式和方法的斗争艺术。接下来，我们再看看百度百科如何解释谋略：谋略是通过对眼前和长远的问题思考而制定的解决对策和方案。

对于这些解释，你有自己的理解吗？

如果是普通的方案，我可以给一个最简单的解释：策略就是让销售额提升 X 倍的方法。假设要写一个面膜的营销方案，原来的销售额为 3000 万元/年，现在想让销售额提升到 6000 万元/年，那么策略就是让销售额提升 2 倍的方法。如果想让面膜的销售额达到 1.2 亿元/年，那么 X 就等于 4，策略就是让销售额提升 4 倍的方法。这个解释虽然并不完美，但足够容易理解，也足够实用。如果按照这个思路做营销策略，势必激发人们去寻找那个最有效的途径。

除了策略，战略对写方案也有很重要的作用。什么是战略呢？战略就是未来 X 年，营业额达到 Y 元，成为行业第 Z 名的方法。例如，你们公司是做面膜的，战略是未来 5 年营业额达到 30 亿元，成为行业前 10 名的方法。如果你的野心很大，想成为行业老大，那么战略就是未来 5 年营业额达到 100 亿元，成为行业第 1 名的方法。

当然，这个解释也是不完美的，如果让专家去论述，一定会找出很多问题。但这个做法是最有效，也最节约时间的。公司发展从来不需要一个完美的概念，而是需要一套有效的方法，一套让收入快速提升、跑赢市场的方法。

下面我们来看看有哪些实用的策略。

1. 新客户拓展策略

假设奶茶店的老板请你做一个营销方案，你会想到什么策略呢？

前面我们已经初步分析过，奶茶店处在城中村小区的门口，白天，年轻人上班，奶茶店几乎无人光顾。另外，奶茶店的规模很小，很多人还不知道有这家奶茶店，所以销售额比较少，每月只有 3 万元左右。除去房租、人工、配料等成本，奶茶店处于亏钱的状态。

是不是这样一家"先天不足"的奶茶店就一定会倒闭呢？当然不是。如果店主宣布奶茶店倒闭，就等于亏掉了自己前半生赚的所有钱。实际上，店主只是需要一个好的营销方案。如果店主想把每月 3 万元的销售额提升到每月 10 万元，那么就要有策略。

下面我们来帮助店主想一些策略。

◆ 第一个策略：开通外卖

既然附近没有很多买单的人，就把奶茶送到别的地方去。做一个外卖的页面就可以突破地域的限制。很多时候，人们不在乎店在哪里，因为有骑手给他们送货上门。假设奶茶店平均每天能接 30 单，每单是 2 到 3 杯奶茶，每单均价在 35 元左右，那么，奶茶店一个月的销售额就可以超过 3 万元：30 单/天×35 元/单×30 天=31 500 元。

◆ 第二个策略：赠送奶茶活动

既然是一家刚开业不久的奶茶店，那么必然有很多人不知道，此时就应该广泛告知，让周边小区的人知道有这家奶茶店。如果奶茶店只发送宣传单页，势必令人反感。因此，奶茶店可以选择发放奶茶体验券——凡是到店的人就能免费领取一杯奶茶。

这样做会不会亏本？当然不会。因为奶茶店可以推出一个水果拼盘，价格为 18 元/份，若要免费领取 1 杯 20 元的奶茶，则需要购买 1 份 18 元的水果拼盘。1 杯奶茶的成本大概是 2 元，只要卖 1 份水果拼盘，就可以赚回 5 杯奶茶的成本。

刚开业的新店一定要聚拢人气，只要有了人气，生意就会慢慢变好。周边的两个小区住着上万人，免费送出去 2000 杯奶茶是很容易的事情。有了 2000 个客户，假如平均每个客户每月消费 18 元，那么奶茶店每月的销售额就是 36 000 元。

有人说，有的客户领取了奶茶之后就不会再回来消费。没错，确实有这样的客户。但还有一些客户一个月可能来消费三五次。所以，如果按照平均值计算，每个客户每月消费 18 元并不夸张。

◆ **第三个策略：联合销售**

既然很多人不愿意单独消费奶茶，那么奶茶店可与周边的饭店合作，把奶茶放到饭店里销售，让人们在点餐的同时也可以点一杯奶茶。这种方法很多奶茶店都在使用。虽然只有一部分利润，但饭店也会愿意合作。这样，奶茶店的销售范围扩大了，即便每天卖 10 杯奶茶，一个月也能卖 300 杯奶茶。假设每杯奶茶 18 元，一个月收入就是 5400 元，可以抵房租了。

◆ **第四个策略：社群营销**

把每个来消费的人拉到"××小区邻居群"里，相信大家都不会拒绝。做社群营销的好处是，大家的关系比较亲近，连接非常紧密。奶茶店还可以通过群经常做一些活动，如生日半价、奶茶免费品尝、生日会、社区读书交流会、创业分享会、美容分享会等。对于奶茶店来说，这种做法就相当于构建了一个客户池，客户的黏性增强了，生意也会越来越好。

◆ 第五个策略：奶茶+水果套餐外卖

很多人，尤其是年轻人，下班回家以后不想出门，或周末待在家里追剧。此时，要是有美味的奶茶和水果拼盘送到家，他们一定感到非常惬意。

当然还可以有更多的策略。那么，策略是不是越多越好呢？并不是，而是越合适越好。对于一家小小的奶茶店来说，不增加成本，也不增加人员的策略就是最好的。

有些刚入行的营销顾问会提出很多策略，以为这样才是好的方案。我在刚刚做营销策划时也犯过这种错误，总是把能想到的策略统统写进方案里，希望让方案看起来很扎实。其实最有效的方案恰恰不是这样的。最有效的方案是先有一个核心策略，再围绕这个核心策略增加几个辅助策略。这样支出的成本会比较少，客户比较容易接受。

这里有几个要点：

（1）核心策略是最有效、最大可能性提升销售额的策略；

（2）新产品要与原来的产品有密切关系；

（3）最好不要增加太多成本；

（4）最好不要增加太多人员。

我们还以奶茶店为例，即使增加了外卖，也不需要增加太多成本和人员。此外，水果拼盘是与奶茶相关性非常强的产品，而且做起来非常简单。奶茶店的隔壁就是水果店，只需要把水果买回来加工一下就可以。当然，奶茶店也可以要求水果店直接做成水果拼盘。

如果在奶茶店增加牛排套餐或意大利面就不合适了，因为所增加餐饮产品的程序复杂，成本也高。而且餐饮产品和奶茶的相关性远远比不上水果拼盘和奶茶的相关性。

掌握了奶茶店的营销策略，是不是就可以为一家新开的大型商场做策略了呢？其实道理是一样的。

再来举一个去饭店吃饭的例子，很多饭店有 100 多道菜，菜单做得密密麻麻，但客人可能很难"拼"出一桌好菜。等到吃完饭之后，客人对这家饭店毫无感觉，也不会跟任何人提起，这样，饭店就没有做到口碑传播。

下面来算算这样开饭店的成本。100 多道菜需要准备大量的食材，每样食材都小批量采购会导致成本巨高；食材如果非常多，就需要更多的员工去管理食材，也需要更多的厨师去烹饪食材；如果有些菜没有顾客点，要么食材坏掉，造成极大的浪费，要么食材在冰箱里放置好多天，占用冰箱的空间。总之，怎样都不合算。

现实中，很多服装店也是放置 100 多个款式，鞋店也会放置 100 多个款式，就连一个小小的奶茶店都有 50 多种奶茶；我还见过一家网店有 1000 多种产品，甚至 5000 多种产品。

究竟是什么原因让他们这样做的呢？就是抱有侥幸的心理。他们感觉只要产品足够多，那么顾客只要进到店内必定能选到心仪的产品；若开始购买，必定会多选择几种产品。这是非常不对的想法。去饭店吃饭的人会因为菜的种类多，食量就增加 3 倍吗？不可能的，人们通常只去选择那几样最好吃或自己最喜欢吃的菜。饭店有没有好吃到值得发朋友圈的菜，才是问题的关键。

前段时间，我为一家湖南菜馆做营销咨询，使用的策略就是聚焦产品。我让这家菜馆打造几道地道的湖南菜，让每个吃过的人都有发朋友圈的欲望。

那么，如何才能打造最地道的湖南菜呢？

第一，所有的厨师都是湖南人，他们做的菜十分地道。

第二，所有的食材都是湖南当地的天然食材。有的食材是从农村的菜园直接采摘的，有的食材是从山上采摘的，就连大米也必须用湖南当地的农家大米。

第三，所有的服务员都是湖南人，用一口最纯正的湖南口音与客人对话，家乡味十足。

第四，所有的菜都用精致的碗碟盛放，并且比一般饭店的分量更足。

这样是不是就能做出最地道、最健康、最超值的湖南菜呢？还不行，所有的菜都必须经过多次实验，直到让客人赞不绝口。只有客人发出"我从来没有吃过这么好吃的剁椒鱼头和外婆菜"的惊叹，虽然被辣得一边呼气一边称赞，但还要拿出手机发朋友圈，才算做出了有口碑的好菜，菜馆的生意才会蒸蒸日上。

菜馆的面积是 200 多平方米，有 20 多道菜，客人不会为了要吃哪道菜而纠结，左右为难。而且每一道菜都非常好吃，深受客人的喜爱。为什么只有 20 多道菜呢？因为 20 多道菜足以满足 80%的客人。这样做还能保证所有菜的质量，而食材也可以大批量采购，自然会降低成本。更关键的是，如此好吃的菜，客人都愿意发朋友圈，这样一来，广告费也节约了。这也是在互联网时代必须聚焦产品的原因。

案例+

一家亏损 2800 万元的制鞋公司聚焦后年入 5000 万元

我曾经策划过一家制鞋公司的方案。该公司做品牌已经 3 年了，投入了 2800 多万元，每年的营业额不过千万元，然而仓库却存储了近 2000 万件产品。你可能会问，仓库怎么会存储如此多的产品，这样不是很浪费资金吗？只要了解了广东的制鞋行业，就一点都不觉得奇怪。在广东，很多公司的仓库都堆积如山，曾经有人说即便 10 年不生产鞋子，这些仓库的鞋子还足够国人穿。

这家公司为何短短两年就亏掉 2800 万元呢？最重要的原因就是产品不聚焦。这家公司每年花上百万元请一家知名的设计公司开发款式，设计公司也不负所望，每年开发 1000 多个款式的鞋子，涉及帆布鞋、休闲鞋、凉鞋、皮鞋、皮靴、时尚鞋等。

生产鞋子是需要打样的，如果有 1000 多个款式，就需要采购 1000 多种材料，而小批量采购的价格又非常贵，成本自然很高。例如，要生产一双灰色的牛皮鞋，供应商不可能卖给公司半张牛皮，此时公司就需要采购一整张牛皮。可是，如果当这双鞋打样出来以后才发现并不适合生产，那么设计与开发的成本就全部浪费了。

再来说那些开发成功的款式，由于无法确定是否符合市场的需求，因此需要小批量生产进行试销。这家公司一般会先生产 500 或 1000 双鞋子，而这样的小批量生产，无疑又是成本极高的。而那些国际大品牌通常都是大批量生产的，每次生产 10 万双鞋子，这样一来，原本每双鞋的成本是 100 元，由于大批量生产可能就缩减为 60 元。

这家公司开发了 1000 多个款式的鞋子，又是新品牌，80%的产品尚未得到市场的认可，所以都成为库存了。这家公司一年的设计费用为几百万元，生产费用又高达上百万元，两年下来，2800 万元就全部投入进去了。

后来，我和团队决定对这家公司的产品进行缩减，聚焦到帆布鞋上。因为这家公司本身主要生产帆布鞋。这样能够控制成本，生产工期也有保障。

我第一步就砍掉皮鞋这个品类，因为这个品类不是公司擅长的，开发成本又极高，如果砍掉就可以节约三分之二的设计费用。

我第二步便减少休闲鞋的款式，以实现降低试错成本、控制库存的目的。

我第三步先让这家公司与设计公司解约，然后招聘 1 名擅长设计帆布鞋的设计师，这样每年可以节约 120 万元的设计费用。

我用了短短几个月的时间让这家公司迅速降低亏损，之后又用了一段时间让这家公司借助帆布鞋开始盈利。

在第一年的下半年，我指导这家公司大量处理仓库的皮鞋和休闲鞋，回收的资金全部用于帆布鞋的开发和生产。这样就实现了帆布鞋的大批量生产——每个款式的帆布鞋的下单量最低可以达到 1 万双，从而降低了成本。成本降低的好处是，批发价格下调，获得代理商的认可，全国各地的代理商纷纷来洽谈。

在第二年的春季，我又指导这家公司推出不同花色的帆布鞋，整个系列做得十分靓丽，在市场上独树一帜，非常受欢迎。随着代理商的不断增多，这家公司召开了招商会。小小的招商会让这家公司赢得了 5 个省的总代理加盟。另外，这家公司的网店也成为有特色的帆布鞋网店。

两年下来，这家公司仅仅节约的开发成本和生产成本就达到 2000 多万元。其实，策略就是如此简单，远没有想象中的那么复杂。

要把全部力量都聚焦到定位上去，把大部分时间、精力都聚焦到实现定位的努力上去。我常常会说："定位可以只有 1 米宽，但必须有 1 万丈深，这样别人才真的很难超越你。"只有在某个领域越聚焦，才越有可能取得重大的成功。

案例+

日本寿司之神一生只做寿司，奥巴马也去吃

日本有一个做寿司的人叫小野二郎，被称为寿司之神。他在东京银座开

了一家名为"数寄屋桥次郎"的寿司店，被誉为值得花一生去等待的店，如图 1-1 所示。

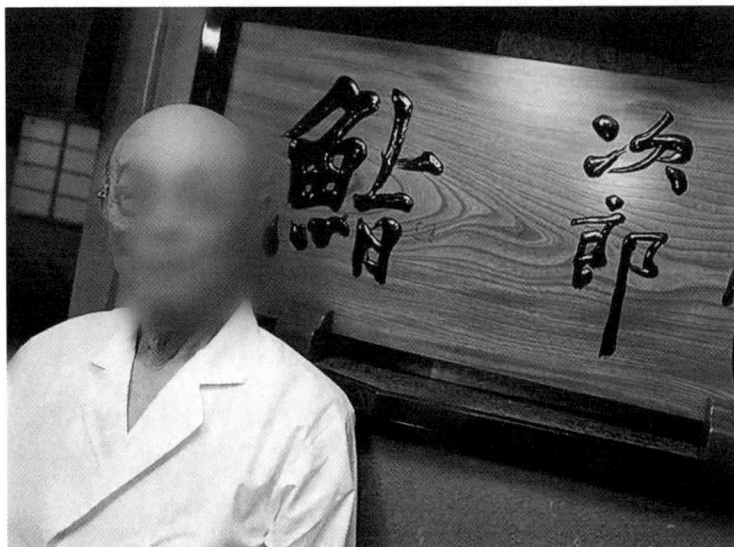

图 1-1　小野二郎和他的寿司店

全世界的人都慕名前往，很多人去日本旅行就是为了吃一口他做的寿司。他的寿司店只有 10 个位置，不允许点餐，他做什么就吃什么。每个人吃一餐大约需要 3 万日元，合 1700 元人民币；吃一餐大约需要 30 分钟，吃完就必须离开。就是这样一家寿司店，还得提前几个月预约才可以光顾。

2014 年，奥巴马访问日本，首相安倍晋三特意邀请他来小野二郎的寿司店吃寿司。很多去日本旅行的企业家都专门到他那里吃寿司。纵观他的一生，有超过 60 年的时间都在做寿司。因此，他做寿司的技巧几乎无人能敌。

小野二郎把寿司做成艺术，倾注了大量的时间和感情。为了把鲨鱼肉做得更细嫩，他会在凌晨 5 点去市场挑选最好的鲨鱼肉，还会为鲨鱼肉按摩半个小时再进行加工。从寿司的制作到人们入口的那个瞬间，所有环节都经过他的缜密评估和计算。连续多年，他的寿司店都获得了米其林三星的至高评价。

这家寿司店就是聚焦寿司这个产品，在这个产品上下功夫，把口碑做到世界闻名。

假如开发 100 款产品，每款产品卖一万份；开发 10 款产品，每款产品卖 10 万份；开发一款产品，每款产品卖 100 万份。面对这三个不同的策略，你会选择哪一个？

案例+

聚焦一款移动电源，能销售 1000 万个吗

我的朋友雷总选择了开发一款产品，每款产品卖 100 万个的策略。雷总的罗马仕移动电源的销量在天猫和京东都是第一名。雷总并不是最早做移动电源的人，相反，在他刚进入移动电源行业时，已经有许多知名品牌牢牢占领了市场。

尤其是线下，这些品牌几乎占领了各大城市。但这些品牌做出的移动电源形状千奇百怪，圆形的、心形的、正方形的。然而，雷总的公司最初仅开发一款产品，后来才延伸为几个型号，虽然是几个型号，但还是同一个款式。

雷总做产品有着惊人的魄力，始终觉得自己还可以将移动电源做得更好。于是，他以技术偏执狂的性格特点，重金聘请知名设计师来设计移动电源。

　　此外，他对移动电源的储电量和安全性也精益求精。当别的公司还在做2500 毫安的移动电源时，雷总就推出了 1 万毫安的移动电源，后来又将其升级为 2 万毫安，如图 1-2 所示。当很多移动电源只有一个 USB 接口时，雷总就开发出了 3 个接口的移动电源。

图 1-2　2 万毫安的移动电源

在做出这样的成果之后，雷总还是不放心，便又在移动电源的安全性上下了一番功夫，希望做到万无一失。研发这款移动电源花费了雷总数个月的时间，好在一经推出就在天猫占领了销量第一位的位置。如今，这款移动电源在天猫依然很受欢迎，月销量已经突破 10 万个，评论更是有 60 多万条，如图 1-3 所示。

图 1-3　移动电源的销售情况

聚焦一款产品不仅仅是策略，有时更是老板的一种信仰，是一种追求完美的体现。也只有聚焦，才能真正做出一款好的产品。

2．重新定义产品策略

如果你开一家茶馆，会卖什么茶？90%的茶馆卖绿茶、红茶、普洱茶、黑茶等。茶，拼产地、年份，很多茶馆做了十多年都没有突破100万元的营业额，而有一家茶馆只做了5年，市值便已经超过60亿元。这家茶馆就是看起来不像茶馆的喜茶。

在很多传统的茶馆老板看来，喜茶简直是茶界的"奇葩"，既没有喝茶的环境，也不正宗，还在茶里面添加牛奶、果汁、糖等原料。没错，喜茶的茶不拼产地，更不拼年份，而是拼内涵。茶界有传统茶和喜茶两大类，如图1-4和图1-5所示。

图1-4　传统茶

图 1-5　喜茶

传统茶的饮用步骤是洗—冲—泡—闻—品，讲究闲情逸致；喜茶的饮用方法是约人—喝茶—聊天—发呆，追求一种时尚生活。

案例+

喜茶重新定义产品，撩拨一大票的少女心

喜茶是如何重新定义产品的呢？

首先是对口感精心打磨。

在饮用传统茶时，老板会告诉客人这杯茶是 20 年的封存老茶，入口柔而不浓，具有养胃护胃的功能。喜茶重视"口感"，即不用任何人介绍，人们喝下去的那一瞬的感受。如果需要讲一遍才能有感觉，就多了一个环节，会消耗掉大量的机会。口感好，人们就会记忆犹新，就会主动传播。

例如，重庆的火锅虽然非常辣，但口感十足，可以让人们记忆犹新；成都的麻辣烫非常麻，吃起来有一种"嘴都不是自己的了"的感觉，甚是过瘾，让人逢人就想讲一讲；麦当劳的麦辣鸡翅里香外脆，小孩子吃了都会觉得很美味。这些都是口感带来的效应。

喜茶认为口感应该丰富，多层次，让人留下记忆点。如何做到口感丰富、多层次呢？那就需要去仔细分析有哪些口感。有酸、甜、苦、辣、咸、麻，还有软、硬、柔、滑、棉，但喝茶时还需要增加一种鼻子的感觉，那就是闻"香"。

例如，喜茶的一款茶饮"芝芝桃桃"用了三种桃子，分别来自浙江、四川、山东。有的桃子用果肉打造"咬感"；有的桃子用来榨汁；有的桃子用来增色。于是，"芝芝桃桃"撩拨了一大波少女的心。

喜茶还有一款名为"金凤茶王"的茶饮，这款茶饮的口感更香、更浓烈。为了让香味更浓烈，喜茶在这款茶饮中添加了西柚、柠檬，这样不仅可以让人们在入口前就闻到茶的清香，还可以让人们感受到水果的香气。

其实星巴克也非常注重香味的释放。例如，当走近星巴克的门口时，你就可以闻到浓烈的咖啡味，让人有一种想要去喝一杯咖啡的冲动。由此可见，在做产品时，星巴克肯定仔细思考了香味对消费者的影响。

其次是重新命名。

以前面提到的"芝芝莓莓"为例，这款茶饮由草莓、绿茶、奶盖调制而成，既不是绿茶，也不是草莓，更不是普洱茶，而是一款全新的时尚茶饮。这款茶饮为什么不叫"草莓芝士茶"或"奶盖绿茶"呢？

因为如果以原料命名，人们就会以自己的标准来判断味道，而喜茶呈现给人们的并不一定是人们之前理解的那种原料的味道，而是一种无法比拟的尝新感。这种尝新感让人们，尤其是年轻的人们觉得自己是最有创意的一代，将喝茶与自己标新立异的心理感受融为一体，凸显自己的与众不同。

重新命名的策略是很多大型公司都在采用的。例如，知名茶饮品牌立顿有茉莉绿茶、奶香红茶、咖啡红茶等产品；星巴克有馥芮白、卡布奇诺、焦糖玛奇朵等产品。这些产品的名称非常独特，甚至与咖啡没有什么关系，却也十分高明。

从这个角度来讲，很多产品和饮品都可以重新命名、重新定义。

3．用户裂变策略

如果有一种最好的获取用户的方式，那一定是用户帮商家免费介绍用户。

"壹职场"通过课程裂变，积累了100多万位粉丝；"有书"通过裂变海报，积累了1500万位粉丝；"熊猫书院"通过裂变，积累了上百万位粉丝；我的视频号"王一九谈个人品牌"，第一条就裂变了5万人。在上述积累粉丝的过程中，我们没有支付任何广告费用。当然，这样的效果也是传统的广告几乎无法实现的。如果你要获得裂变方案，可以加我微信（63123860）——我拉你进学习群。

雷军曾经说过："成功的条件之一是有用不完的钱。"雷军自己有钱，也能找到很多投资，所以可以这样说。但90%的中小型公司，可能连研发产品的钱都不充裕，更不要说有花不完的钱。在互联网时代，裂变是最佳的发展用户的策略，没有之一。

案例+

连咖啡如何通过裂变策略销售上千万杯咖啡

从正式营业到现在，连咖啡销售了上千万杯咖啡，这样的成绩不是依靠广告投入获得的，而是因为使用了裂变策略。试想，有多少人愿意主动去喝一杯新品牌的咖啡呢？要知道，咖啡店到处都是，而且还有星巴克、太平洋、COSTA 这样的老牌咖啡店。在竞争如此激烈的情况下，连咖啡是如何做到以最小的成本获得大量的客户的呢？

第一点是大范围拉新的拼团模式。连咖啡的拼团模式很常见，即"1元拉新"活动。因为咖啡的成本低，净利润比较高，所以，与普通电商相比，连咖啡更适合这个活动。此外，连咖啡的"1元拉新"活动也更高端，看起来更实惠。

除了"1元拉新"活动，连咖啡还使用了常规拼团，即允许客户以优惠的价格买5杯咖啡，并可以存入咖啡库，随喝随取。这样就相当于客户至少在连咖啡消费了5次，不仅可以促进客户的留存，还可以扩大产品的传播范围，吸引更多的新客户。

任何产品的推广，如果没有首批客户的积累，就无法实现裂变。首批客户也叫流量场，流量场越大，产品的传播速度就越快。我曾遇到不少客户都认为裂变没有效果，我就问他们是如何裂变的，他们说设计一张海报，然后让员工去发放，结果很快就裂变不下去了。

很多公司做裂变都存在流量场太小的问题，这样很容易造成还没有来得及裂变就已经消亡了的结果。这样的结果怎么会为公司带来效益呢？

第二点是专属的游戏化分销模式。连咖啡有一个名为"口袋咖啡馆"的小程序，如图1-6所示。通过这个小程序，任何人都可以开一间自己的咖啡馆，并决定咖啡馆的装修、设计、陈列、产品种类等。

图1-6 连咖啡的"口袋咖啡馆"

"口袋咖啡馆"上线第一天，点击量就达到 420 万人次，累计开了 52 万间咖啡馆。其中，10%的咖啡馆实现了真实销售，转化率十分可观。连咖啡希望通过这个小程序打造一个全新的咖啡生态：让有梦想的人开一间属于自己的咖啡馆，如图 1-7 所示。

图 1-7　连咖啡要打造全新的咖啡生态

连咖啡通过"口袋咖啡馆"让开咖啡馆的人成为销售员，而且，这些人并不是老客户，而是新的增量人群，即被动型消费人群。这让连咖啡达到了"激发客户对咖啡的需求"的目的，也让自己摇身一变成为咖啡社交电商。

在"口袋咖啡馆"上线初期，很多公众人物都在上面开了咖啡馆，这吸引了一大批人的参与，为连咖啡积攒了大量的势能。此外，连咖啡又在微信公众号上进行推广，牢牢抓住了这个庞大的流量池，帮助自己积攒了大量的种子客户。

第三点是拆红包活动，即咖啡红包。在连咖啡消费的客户可以拆四次红包（自己拆一次，其他三次要邀请三个朋友帮助完成），等红包全部拆完后，该客户可以获得兑换咖啡的虚拟物，如成长咖啡、优惠券、人设卡等。这个玩法和拼多多的砍价非常像，都以利益作为驱动，利用朋友之间的认同感和亲密关系进行宣传，提升拉新的效果。

连咖啡可以借助咖啡红包进一步提升裂变的效率。而且，咖啡红包有频次限制，可以在一定程度上增强客户的活跃性，促进客户的留存。虽然连咖啡只提供了咖啡红包这样的小利益，但可以引起一轮接一轮的裂变。

可见，公司在做裂变时，往往不需要很大的利益，可能一本书、一杯咖啡、一张优惠券，甚至是几本电子书都能够达到目的。做裂变的关键是当第二个人看到第一个人的信息时，是否会再次传播，还有就是当第三个人看到第二个人的信息时，是否会再次传播。在这中间，有的传播是中断的，而有的传播则可以持续好多轮。

此时需要计算一下是中断的传播多，还是持续的传播多。如果传播可以达到 N+1 轮，就能持续下去；如果仅仅做到 N-1 轮，那么传播很快就会中断。

第四点是专属的咖啡福袋。客户每次在连咖啡下单后，都可以将福袋分享到自己的朋友圈。福袋中有不同类型的奖励，如优惠券、万能咖啡、成长咖啡等。如果打开福袋的人达到一定数量，那么分享福袋的客户也会获得 0.1 杯成长咖啡。

这个玩法和饿了么、美团的玩法很相似，都是客户在下单后进行分享。不过，连咖啡的玩法似乎更高端，加入了万能咖啡、成长咖啡等新元素。与不太适合拉新的优惠券相比，这些新元素的通用性更强，也更有吸引力。

4．差异化营销策略

差异化营销不等于产品差异化，这是两个完全不同的概念。

不要说产品经理，就连很多营销人员一谈到差异化就会想如何做产品差异化。差异化营销的体现方式有许多，包括用户差异化、服务差异化、消费场景差异化、价格差异化、价值观差异化等。无论如何，对于公司来说，差异化无疑是最重要的三大战略之一。

如果想卖咖啡，应该如何做差异化呢？

雀巢，一个一直在打着"味道好极了"口号的咖啡品牌，如图 1-8 所示。1938 年，雀巢推出速溶咖啡，使其成为都市白领提神的重要工具。当时，雀巢首次把农业品变成标准化产品，让人们随时都可以买一盒咖啡，在任何地方都可以冲一杯咖啡。1974 年，雀巢占了咖啡全球市场份额的 30%，至今依旧保持着"霸主地位"。

图 1-8　雀巢咖啡

"既然你卖速溶咖啡，那我就提供一个场地，让人们坐下来舒服地喝咖啡"，在这样的理念下，一个和雀巢不同的咖啡品牌星巴克在 1971 年诞生了。至今，星巴克仍然是一家年度营业额可以达到上千亿美元的咖啡品牌。

星巴克是咖啡店的"老大"，在一些大城市是商务人士约谈的重要地点。一杯香浓的咖啡，一个有格调的场地，无论多有名的老板，约到星巴克都不会觉得丢人。星巴克的场景如图 1-9 所示。

走进星巴克，如果里面有 10 个人，可能其中的 8 个人都在谈合作，甚至还有 2 个人在做 IPO（Initial Public Offering，首次公开募股）计划。有时我就在想，如果没有星巴克，投资者是不是每年都会有几万亿元的资金投不出去？当然，我这是杞人忧天，这种事情基本不发生。

还有一家店不仅卖咖啡，还卖西餐。能够把西餐和咖啡结合起来的店当属上岛咖啡。上岛咖啡是一家具有浪漫情怀的高雅的咖啡店，充分满足了都市高级白领及商务人士的约会与商务洽谈的需求，如图 1-10 所示。

图 1-9　星巴克的场景

图 1-10　上岛咖啡的场景

如果说星巴克和上岛咖啡是适合商务人士的咖啡店，漫咖啡就是适合休闲人群的咖啡店。漫咖啡的创始人辛会长希望人们能够有地方享受浪漫的时光，在快节奏的生活中拥有一个放松、悠闲的"慢"空间。

漫咖啡以安逸自由、崇尚自然、别具一格的设计理念吸引了很多人。在自然的元素上，漫咖啡添加了东南亚风格的灯饰，并搭配形式各异的座椅，让人们体验咖啡文化的新理念，享受浪漫和空闲的时光，如图 1-11 所示。

图 1-11　漫咖啡的场景

漫咖啡倡导与商务洽谈完全不同的感觉，希望快节奏的都市人能够慢下来，好好品尝一杯咖啡，与三五好友谈谈心事、聊聊人生，如果饿了还可以点一份意大利面。漫咖啡通常开在比较偏远的地方，面积非常大，装修极富浪漫情怀，让人们一走进去就可以放松下来，甚至连颈椎的不适都可以得到极大缓解。

速溶、商务、休闲、咖啡加西餐被占领了，那还有别的不同做法吗？

请记住，永远有新的做法，只要时代在进步，就一定有更好的商业模式产生。

2010 年，有一家名为 85℃ 的咖啡馆（见图 1-12）想出来一条与星巴克竞争的绝妙策略。这家咖啡馆的开店速度比星巴克还要快，而且只用了短短 6 年多的时间，市值就已经超过 200 亿元。

图 1-12　85℃ 的场景

85℃的策略就是既然在品牌上拼不过星巴克，就和星巴克拼价格。85℃以星巴克三分之一的价格出售咖啡，而且就把店开在星巴克的旁边，在咖啡生产上也模仿星巴克。星巴克用什么样的咖啡豆，85℃就用什么样的咖啡豆；星巴克用什么样的咖啡机，85℃也采购什么样的咖啡机。

那么，85℃怎么赚钱呢？答案就是用面包赚钱。咖啡是星巴克的主营产品，但对于85℃来说，咖啡不过是引流产品，面包才是主营产品。

85℃的面包借鉴了面包冠军的做法，所以墙上贴满了面包冠军的照片。从整体上来看，85℃的策略非常不错。试想一下，喝着同样品质的咖啡却只需要支付三分之一的钱，享受着与星巴克同样的环境、同样的地理位置，还能用节省下来的钱买一个冠军品质的面包，是不是想想就觉得非常划算？

85℃的产品结构多元化，种类多样，除了三明治，还有甜点及精致礼品。85℃还会根据产品的销售情况和消费者的口味喜好对产品结构进行调整，即每45天推出4~6款新蛋糕、6~8款新面包。85℃将蛋糕切成片以满足人们"量小、种类多"的消费偏好，这种方式为其带来了很高的营业额。

由此可以看出，在85℃的整体销量中，咖啡只不过是引流产品。一种新的商业模式的诞生，往往不是紧跟行业老大，而是寻找其漏洞，做出有差别的营销策略。

85℃采用了"咖啡+面包"的形式，奈雪的茶便选择了"奶茶+面包"的形式，并打出了"一杯好茶，一口软欧包，在奈雪遇见两种美好"的口号，如图1-13所示。

图 1-13　奈雪的茶的场景

奈雪的茶创办于 2015 年，以全新的经营模式赢得了市场的广泛认可。即使是面积超过 300 平方米的店面，也经常人满为患，很久才能等到一个座位。据悉，有些店面每天的销量已经超 2000 杯，日流水超过 8 万元。

2016 年，奈雪的茶融资 1 亿元；2017 年又融资 1 亿元；到 2018 年，其估值已经超过 60 亿元。奈雪的茶的不同之处是，直接以奶茶作为饮品，为人们提供休闲娱乐的场所。此外，奈雪的茶把欧包改良成年轻人喜爱的软欧包，而且是颜色鲜艳的软欧包。

有的人可能会说，茶和咖啡不是同一个品类。没错，从严格意义上来说，二者确实不是同一个品类。不过，从本质上来说，二者有相通之处，都可以统称为饮品。而且，销售这些饮品的店面也都是人们可以坐下来聊天、谈心的地方。

喝什么不重要，重要的是有一个坐下来"聊"的地方，这个地方要很小资、很舒适。星巴克是这样，85℃是这样，奈雪的茶也是这样。电影院就不一样了，电影院不是坐下来"聊"的地方，而是坐下来"看"的地方。"看"的主要消费是电影，而"聊"的主要消费是双方的沟通和交流。

到这里，咖啡的"好戏"结束了吗？并没有。

2010年，一家名为3W的咖啡店诞生了，并获得了"互联网人的咖啡店"的称号。这家咖啡店由180名股东组成，包括去哪儿网CEO庄辰超、淘米网COO程云鹏、学而思创始人曹允东、走秀网创始人黄劲、盛大无线总裁高波、腾讯联合创始人曾李青、真格基金创始人徐小平、红杉资本创始人沈南鹏、北极光创投合伙人姜皓天、枫谷投资董事长曾玉、松禾资本董事长罗飞、雪球财经创始人方三文、贝瓦网创始人杨威、热酷游戏创始人刘勇、《创业家》社长牛文文、东方风行传媒创始人李静等。

通过上述阵容就可以知道这不是一家普通的咖啡店，果然做出的咖啡味道"一言难尽"。3W是一家随着互联网人越来越多，投融资越来越频繁而兴起的众筹式咖啡店。现在，有很多项目都在融资，也有很多投资者在找项目，而3W则了解并满足了这种需求，一边做咖啡一边做项目投资分享。此外，3W还提供场地做项目路演、项目沙龙，并且经常邀请业内创业大咖和投资者一起参与。

之后，3W发现创业者和公司都需要互联网人才，而互联网人才也需要匹配到合适的项目去发挥自己的才能，于是便发起了拉勾网项目。没过几年，拉勾网就成为互联网人才招聘第一名的网站。

如果说3W的"心"不在咖啡上，那么连咖啡的"心"则只在咖啡上，甚至到了将店开到小程序上的程度。很多时候，星巴克、漫咖啡的咖啡基本是在店里面被喝掉的；而连咖啡则主打线上渠道，其咖啡绝大部分是被外卖带走的。

如果说 3W 是基于互联网的发展而兴起的，连咖啡就是基于外卖和微信的发展而兴起的。每个时代都会有新的机会，我们从来不需要担忧机会被抢占。只要时代在高速发展，就永远会有更新、有更大的机会。

除了咖啡，3W 还想做与互联网有关的事情，而连咖啡好像除了咖啡，什么事情都不想做。两种做法虽然截然相反，但都是对的。"心"不在咖啡上的 3W 受到了人们的喜爱，"心"只在咖啡上的连咖啡也受到了人们的喜爱。这正如中国营销泰斗路长全所说的："真理的对面仍然是真理。"

到这里，咖啡之战结束了吗？远远没有，营销人员的最大价值就是策划出更有差异化的策略，把产品卖得比以往任何时代都好。

下面，我们发挥想象：既然连咖啡的店几乎都开在线上，那么是不是可以创办一个主营区域在社区的咖啡品牌呢？英国人就有在社区散步的习惯，也有在早上读报纸或晚上休闲聊天时，在社区门口喝咖啡的习惯。既然 3W 借助互联网的势头获得了迅猛发展，那么是不是可以借助物联网的趋势开设新的物联网咖啡店呢？这值得期待！

5．会员营销策略

会员营销听上去与用户营销差不多，但实际上二者有着天壤之别。

人们在一家美容店办了一张会员卡，充了 500 元，就已经成为会员了。即使用 100 元办一张会员卡，美容店还赠送了价值 120 元的产品，也同样已经成为会员。愿意成为会员的人在注册时都会付出个人信息成本，都基于对商家的信任。这些人即使没有进行消费，也心甘情愿承担可能持续接受推销的骚扰。

因此，这些人总会期待商家有一定的产出。和普通的用户相比，商家就多了很多次向这些人推销的机会。只要商家的产品和服务不比其他的商家差，就可以有更多的胜算。另外，在成为会员以后，人们在心理上其实已经给予了商家一定的认可，也会在潜意识中打下一个烙印，期望可以有下一次消费。

相关资料显示，如果一个便利店有 1000 个会员，就可以发展得很好；如果一个美容店维系好 1000 个会员，也可以发展得很好。一般来说，人们只要消费 5 次，就会变成忠实客户。忠实客户在这个时代是非常宝贵的资源。所以，无论从何种意义上来说，花费时间和心思去维护会员都是很有必要的。要知道，开发一个新客户的成本是维系一个老会员的 3 倍，甚至有些商家仅仅依靠老会员办会员卡续费的收益就能保证自身的生存和发展。

去年，在我经过一家健身房的楼下时，有一个发传单的女孩问我要不要办会员卡，我拒绝了。这个女孩说这是新开的健身房，里面有舞蹈室、动感单车室、瑜伽室，还有游泳池，全部都是免费的。听到这里，我有点动心，毕竟我也正准备换一家健身房。

于是，我跟随这个女孩去 5 楼的健身房参观，果然一切都很现代化，除了有跑步机和椭圆机，还有齐刷刷摆成两排的各种健身器材。此外，面积很大的舞蹈室和瑜伽室，以及标准化的游泳池也非常吸引我。我感叹道："这个健身房真的很不错。"

接下来，这个女孩开始向我疯狂地推销，并说："如果在开业期间办会员卡，可以享受 8 折优惠，只需要 2680 元，平均下来每月只需要 200 多元，一顿饭的钱而已。您想想，只要少陪客户吃一顿饭，就可以健身整整一个月，难道不划算吗？"她的话真的击中了我的心，于是，我立即付了钱，然后期望着拥有更好的身材。

其实，办了会员卡才是消费的开始。没有健身经验的人很难使用好健身器材，非常容易伤到自己。当然，健身房的营销人员是不会提前和客人说这些的。果然，当我办完会员卡以后，这个女孩就拿出了私教课给我看，然后告诉我可以先不购买。

但如果没有私教的指导，我在健身房只能在跑步机上跑步。结果 1 个月以后，我购买了 19 000 元的私教课，接着又购买了游泳裤、蛋白粉。据悉，即使非常勤快的健身爱好者，平均每周也不过去 1 到 2 次健身房。相关数据显示，在我国，办完会员卡的人平均每年去 5 次健身房。你没有看错，确实是 5 次。

很多人办完会员卡以后到健身房锻炼了几次就失去了兴趣，还有人办完会员卡以后就没有再去过健身房，甚至还有人忘记自己在哪家健身房办的会员卡了。这么一来，一个健身房即使办 3000 张会员卡，每天来健身的人也不会超过 200 个。

在不打折的情况下，3000 张会员卡的年费是 1000 多万元，而办过会员卡的人，后续的消费就更加容易，这就是会员营销的威力。

星巴克来自会员的销售额是非会员的 3 倍。要知道，这是一家销售额高达上百亿美元的公司。一旦成为星巴克的会员，就会年复一年地成为会员。这是不是很高明的会员营销体系？这种会员营销体系非常值得学习，其中的关键点在于设计会员等级。

为什么有这么多人愿意在星巴克买咖啡？其实这得益于星巴克的会员等级设置——让人们觉得升级很简单。星巴克的会员有 3 个等级：初级会员、玉星级会员、金星级会员。客人把初级会员里的 3 张"买一赠一"券用完，准备买第 4 杯时，星巴克的店员会跟客人说，如果再买 1 杯，就可以升级为玉星会员，就能再领取一种券，于是客人决定升级为玉星级会员。后来店员又说，从玉星级会员到金星级会员只需要 1250 元。于是，客人继续升级为金星级会员。为了降低升级的感知难度，星巴克还推出了"小星星"策略。

会员营销，在未来将是最重要的营销策略之一。

流量越来越贵，开发新客户越来越难，开发的成本也会越来越高。维系会员仅仅需要开发新客户三分之一的成本，但会员可以产生新客户 5 倍的贡献。会员营销还有一个更大的好处是，会员将促进公司的稳健发展，因为这些会员会经常消费。

在这种情况下，即便遇到经济波动，公司仍然能够靠会员维持营业额。会员又是高忠诚度的客户，还可以源源不断地为公司带来新客户，让公司的发展蒸蒸日上。

目前大部分公司都已经开通会员营销，但可惜的是，很多营销人员对会员营销的核心方法一知半解，仅仅做到办理会员、打折和积分。而对于为什么要这样做、如何根据自己的产品做好会员体系等问题，这些营销人员并不十分清楚。

在进行会员营销时，营销人员必须深度了解自己的策略什么，是为了获取更多的稳定客户激发他们重复消费，或是通过会员提升客户身份，或是通过会员锁定高价值客户，又或是通过会员体系赚取会员费。

亚马逊的会员体系是为了激发会员的重复消费。一旦成为会员，亚马逊就会不断发送该客户喜欢的东西，让该客户觉得买得越多越划算。这是因为亚马逊有大量的产品，可以让人不断重复购买。但如果是不具备这个特点的公司，则不适合学习亚马逊的做法。

航空公司的会员体系旨在提升会员的身份感。会员在乘坐飞机时，可以在机场享受 VIP 候机室的服务。VIP 候机室是机场的稀缺资源，可以让会员感觉自己的身份尊贵起来了。

招商银行的金葵花卡旨在锁定高价值客户。金葵花卡是招商银行发行的亚太地区首张理财白金顶级服务借记卡，有全国机场贵宾登机、免费 800 热线、全球通行消费取现、境外紧急救援、个性卡号自主选择、一对一理财顾问等服务。

不过，如果要申请金葵花卡，需要个人账户有 50 万元的资产总额。这样的一个会员设置，不仅提升了客户的尊贵感，也提升了招商银行的品质。如果公司也想提升自身的品牌形象，是不是也可以设置一个高价值的会员服务？答案显而易见。

健身房、会所无须增加额外的服务，可以通过会员体系直接将会费当作一项收入。要知道，大型的健身房、会所的年卡是一笔上千万元乃至更高的收入。垂直类的知识付费平台也可以通过收取会费赚钱，因为其与健身房、会所有一个共同点：在设置好一项产品以后，即使增加会员，也不会增加成本。如此一来，只要能够容纳足够多的会员，就可以越赚越多。

6．IP 营销策略

IP 是公司最好的"形象代言人"，能帮助公司节约大量的广告费，使公司迅速赢得市场的认可。这点在我的另一本书《从 0 到 1 打造个人品牌》写得非常详细。目前，虽然这个概念尽人皆知，但真正能够用好 IP 营销策略的公司仍然寥寥无几。

IP 营销策略不仅可以用于产品和品牌的营销，还可以用于人的营销。每个人都有机会用这个策略提升自己的影响力。可能一个小小的个体无法做成超级 IP，但有了 IP 营销，每个品牌、每个公司都能在小圈子内形成巨大的影响力，更重要的是有更深度的影响力。

雷军在创办小米时就着手打造自己的 IP，提炼并传播自己的互联网思维，把"极致、专注、口碑、快"的核心思想宣传得"天下皆知"。这是一种非常高明的手法，为小米赢得了知名度和影响力。想象一下，如果没有 IP 营销策略，没有雷军的互联网思维，而只有对产品的那一份赤诚，那么小米是不是也要像其他品牌一样，花费上千万元邀请明星代言？

很多公司每年花费数亿元的广告费，甚至很多品牌在创立之初就花费了数亿元的广告费，但最终都没有在消费者心中留下痕迹。一阵风过去，这些公司和品牌似乎什么都没有剩下。

日本有一位知名企业家稻盛和夫，一生创办了两家公司，一家是京瓷陶瓷，另一家是 KDDI（日本第二大电信运营商），这两家公司都在他的有生之年进入世界 500 强。一个人创办两家世界 500 强公司，是不是想想就觉得不可思议？

2010 年 2 月 1 日，稻盛和夫受邀出任破产重建的日航（日本航空公司）董事长。到 2011 年 3 月底，他创造了日航历史上空前的 1884 亿日元的利润，是"全日空"利润的 3 倍。要知道，前一年同期，日航的亏损额大约是 1800 亿日元，这一来一去约 3600 亿日元，超过了日本政府为拯救日航投入的 3000 亿日元的资金。

稻盛和夫可以取得如此巨大的成就，离不开个人 IP 的打造。倡导"利他主义"的核心理念，以及阿米巴式的经营思想，是他用尽毕生精力做的事情。他创办了"和盛塾"，向全世界传播自己的思想和理念。我国也有不少"和盛塾"的企业家学员。

一个优秀的 IP 是如何从默默无声到引爆关注的呢？通常而言，IP 从最初的孕育到最终的爆发，会经历一个相对规律的"成长周期"。这个"成长周期"涵盖来源、加工、产生、演化、爆发、衍生等众多环节，不仅全面，而且步步深入。

1．世间所有的问题都有答案，如果你没能找到很好的答案，一定是没有找到那个最佳的策略。

2．所有的观点在提出观点的人来看都是正确的，但从策略的角度来看，要重点关注的是哪个观点产生的效益更大。

本节的核心概念是什么?

_____

本节的核心内容是什么?

_____

你学习本节的收获是什么?

_____

回顾你以前做过的 3 个方案策略。

_____

你所在公司的产品策略需要调整吗?

_____

阅读图书《定位》（杰克·特劳特著）或《从 0 到 1 打造个人品牌》（王一九著）。

_____

✛ 第三步规划：

把凌乱的方法规划成系统解决方案

我们先来看看"规划"的官方解释：规划是指个人或组织制订的比较全面的、长远的发展计划，是对未来整体性、长期性、基本性问题的思考和考量，是立足于未来的整套行动方案。这个解释固然很全面，但能不能用一个更简单、更容易理解的方式来描述呢？假如我们写一个方案，已经完成了第一步分析，也有了第二部分策略，那么第三部分规划应该如何做？就是根据策略，提出系统、具体的做法。

还是以奶茶店为例，规划部分应该写什么呢？按照策略，我们可以总结出三个关键点。

（1）对产品的规划：做出更好喝的奶茶，让用户喝了还想再喝，而且在别的奶茶店买不到；推出几个水果拼盘的套餐，制作工序要简单。

（2）对新用户获取的规划：开通外卖服务；在社区赠送免费券；与附近的餐饮店合作。

（3）对老客户维系的规划：第一步组建社群，通过社群把老客户圈进来；第二步是在社群内不断做各种活动。

这是一家奶茶店，如果是一家饭店呢？是一家五星级度假酒店呢？也可以按照这种方法规划，只不过规模越大，需要考虑的内容越多而已。

谈到规划，我想很多营销人员一定犯过一些错误，尤其是思维敏捷、脑洞清奇的营销人员，非常容易把自己想到的东西都写进方案中去。

例如，有人要做一个产品的媒体推广规划，他把能想到的媒体方式都写了上去，包括自媒体、门户网站、微博、微信、社群、社区、报纸、电视台、节目赞助、商家联合营销、协会等。然后，他还想组织一个经销商大会，并建立一个全国商家联盟。

上述规划看起来很丰富、很精彩，但往往很有"杀伤力"。真正的好规划是根据公司实力，找到合适的结合点，制作最有效的方案。规划是一种选择，不需要把自己知道的东西都写上去。不要以为公司有花不完的钱，即使世界500强公司，对媒体成本的控制也非常谨慎。

最节约的规划方法是先选择几种方式，之后，在这几种方式中进行规划。

例如，做婴儿用品的可以选择自媒体和社群两种方式，然后在这两种方式中进行规划。规划自媒体的方式是选择妈妈关注的自媒体，再在妈妈关注的自媒体中选择购买力强的自媒体。规划社群的方式有哪些呢？选择销售母婴用品的微信团队，建立宝妈社群，然后设计投放次数（要连续投放至少3次，这样效果自然而然就起来了），等赚到钱再扩展到其他的媒体。

如果做一场活动，应该怎么规划呢？做一场 1000 人的年会活动是需要规划的，涉及场地的规划、人员的规划、流程的规划。

如果做一个互联网产品的营销呢？那就需要做产品的规划、新用户获取的规划、客户运营的规划、媒体传播的规划等。

用一句简单的话来描述：如果策略是一种思路和方法，那么规划就是具体的操作手法。

本节总结

本节的核心概念是什么？

_____

做规划时应避免什么"坑"？

_____

你学习本节的收获是什么？

_____

本节互动

回顾一个以前做过的方案。

_____

你曾经跳过哪些"坑"？

_____

请你为个人学习做一个规划。

_____

✚ 第四步执行：

用一张表搞定所有的执行计划

执行不是实际去做，而是列表。在写方案之前，通常还没有开始正式执行，因此只需要列出执行表。在写方案的过程中，执行表就是对规划的具体内容进行详细计划。一般来说，执行表可以分为以下几种。

人员分工表（见表 1-1），该表主要是介绍各项目和各工作应该由谁负责、每天的进度情况如何，可以显示出谁在什么时间应该完成什么事情。

表 1-1 人员分工表

项目情况								
项目名称					编号			
制作人					审核人			
负责人					制表日			
项目进度								
内容	日期							负责人
	1月1日	1月2日	1月3日	1月4日	1月5日	1月6日	1月7日	
项目启动								
文案撰写								
设计稿								
礼品采购								

内容	日期							负责人
	1月1日	1月2日	1月3日	1月4日	1月5日	1月6日	1月7日	
奖品采购								
明星邀请								
项目核对								
场地洽谈								
嘉宾邀请								
媒体邀请								
舞台搭建								

第二，活动流程表（见表 1-2），只要是线下活动，通常都会有这个表。流程表包括从主持人上场到整个活动结束，谁应该在什么时候出场，是唱歌还是讲话，如果唱歌，要唱什么歌等内容。

表 1-2　活动流程表

时间	节目	主要内容	灯光	音乐	LED 屏幕	左投影	右投影
19:30—19:35	动感开场舞	全场暗灯，动感开场舞蹈，歌友会开始	全场暗灯，舞蹈效果灯	播放鼓舞背景音乐	前 30 秒歌友会主画面，后转舞台画面	主画面	主画面
19:36—19:40	主持人致辞	介绍本次歌友会概况，重点介绍主办方	全场亮灯		播放现场领导、嘉宾的画面	与 LED 屏幕同步	与 LED 屏幕同步
		引导现场观众发信息至说客墙，参与互动			舞台现场直播	与 LED 屏幕同步	与 LED 屏幕同步
		介绍歌手			业务介绍	业务介绍	业务介绍
19:41—19:50	歌手演唱	曲目 1 待定	追光灯、效果灯	演唱歌曲音乐	舞台现场直播	与 LED 屏幕同步	与 LED 屏幕同步
		曲目 2 待定					
19:51—19:55	歌手互动	歌迷用 139 说客发微博与歌手互动	全场亮灯		业务介绍	业务介绍	业务介绍

时间	节目	主要内容	灯光	音乐	LED 屏幕	左投影	右投影
19:56—20:05	游戏互动1：快乐POSE五连拍	歌手表演两组POSE	全场亮灯		快乐POSE五连拍PPT，表演时切换舞台现场	POSE 业务名称	POSE 业务名称
		请 3 名观众上场参与互动，展现不同POSE					
		艺人向参与观众颁奖、合影					
20:06—20:10	演唱2：歌手	曲目 3 待定	追光灯、效果灯	演唱歌曲音乐	舞台现场直播	与 LED 屏幕同步	与 LED 屏幕同步
20:11—20:20	演唱3：歌手	曲目 4 待定	追光灯、效果灯	演唱歌曲音乐	舞台现场直播	与 LED 屏幕同步	与 LED 屏幕同步
		曲目 5 待定					
20:21—20:24	微博互动	歌迷用 139 说客发微博，与歌手互动	全场亮灯		139 说客信息留言	139 说客墙	139 说客墙
20:25—20:26	说客微博抽奖	歌手从微博中抽出 1 名幸运观众	全场亮灯		139 说客信息留言	139 说客墙	139 说客墙
20:27—20:35	游戏互动2：快乐答人	邀请 5 名观众上台，站成一排	全场亮灯		快乐答人PPT	与 LED 屏幕同步	与 LED 屏幕同步
		提出问题，观众答题			题目和选择答案	与 LED 屏幕同步	与 LED 屏幕同步
		歌手为观众颁发礼品、合影			活动主画面	活动主画面	活动主画面
20:36—20:40	演唱4：歌手	曲目 6 待定	追光灯、效果灯		舞台现场直播	与 LED 屏幕同步	与 LED 屏幕同步
20:41—20:45	主持人串词	歌手出场	全场亮灯		活动主画面	活动主画面	活动主画面
20:46—21:00	演唱5：歌手	曲目 7 待定	追光灯、效果灯	演唱歌曲音乐	舞台现场直播	与 LED 屏幕同步	与 LED 屏幕同步
		曲目 8 待定					
		曲目 9 待定					
21:01—21:04	歌手互动	歌迷用 139 说客发微博，与歌手互动	全场亮灯		139 说客信息留言	139 说客墙	139 说客墙
21:05—21:06	说客微博抽奖	从微博中抽出 1 名幸运观众	全场亮灯		139 说客信息留言	139 说客墙	139 说客墙

时间	节目	主要内容	灯光	音乐	LED 屏幕	左投影	右投影
21:07—21:15	歌手互动	现场随机抽出 5 名歌迷，被抽中的歌迷上台	全场亮灯		舞台现场直播	主画面	主画面
21:16—21:30	演唱6：歌手	曲目 10 待定	追光灯、效果灯	演唱歌曲音乐	舞台现场直播	与 LED 屏幕同步	与 LED 屏幕同步
		曲目 11 待定					
		曲目 12 待定					
21:31	主持人致辞	鸣谢主办方；感谢艺人、歌迷的参与	全场亮灯		活动主画面	活动主画面	活动主画面
21:35	歌友会结束	活动结束，观众有序离场	全场亮灯		活动主画面	活动主画面	活动主画面

第三，活动物料表（见表 1-3），是指这场活动所使用的东西。线下活动通常需要舞台、音响、座椅、礼品袋、展示品等；线上活动则需要海报、奖品、抽奖程序、文档等。

有了这几个表格，几乎可以解决 80%的相关问题。

表 1-3　活动物料表

	编号	物料	数量	单位	规格	备注
舞美搭建	1	舞台	1	项		酒店自有
	2	讲台	1	项		酒店自有
	3	灯光、音响	1	项		
	4	视频同步转播设备	1	项		
	5	LED 屏幕（含 LED 底座）	4	个		舞台
	6					舞台对面两侧大厅
	7					签到处对面
	8					走廊临时加席区

	编号	物料	数量	单位	规格	备注
现场布置	9	咖啡色地毯	77	m²		时光隧道通道
	10	红地毯		m²		舞台
	11					宴会厅内通道
	12					宴会厅外通道
	13	花柱	9	个		宴会厅外（6个），走廊临时加席区（3个）
	14	立式小圆桌	6	个		宴会厅外供嘉宾交流、暂时休息
	15	讲台装饰鲜花	1	束		
	16	挡板	2	个		演艺人员休息候场区
	17	暖气	2	个		
	18	桌椅	5	套		
	19	化妆镜	2	个		
表演类	20	主持人	2	名		1男1女
	21	礼仪	8	名		男
	22		8	名		女
	23	托盘	1	个		
	24	醒酒器	1	个		
	25	酒杯	1	个		
拍摄	26	摄影师	2	名		
	27	摄像师	2	名		
视频文件	28	10周年宣传视频	1	个		
	29	优秀员工感言视频	8	个		
	30	服务10年员工感言视频	9	个		
	31	员工祝福视频	1	个		
	32	旧改更新项目	1	项		
	33	嘉宾贺词视频	1	个		
稿件和文档	34	领导致辞稿	1	份		欢迎词/开幕词、祝酒词
	35	嘉宾领导致辞稿	3	份		
	36	嘉宾贺词	1	份		祝酒后，LED屏播放的嘉宾及合作单位负责人祝词
	37	获奖名单	2	份		10年优秀员工、优秀员工
	38	颁奖嘉宾名单	2	份		10年优秀员工、优秀员工
	39	晚会座次表	2	份		

	编号	物料	数量	单位	规格	备注
其他	40	主持人串词	1	份		
	41	签到桌	1	张		酒店自有
	42	签到桌鲜花	2	束		
	43	签到笔	20	支		
	44	中性笔	5	盒		
	45	签到本	3	本		
	46	现场音乐	若干	首		暖场、迎宾、主持人开场、领导上台、祝酒、颁奖
	47	现场工作人员	若干	名		
	48	策划执行	1	项		

下面是一个使用过的课程开发进程表（见表1-4）。

表1-4　课程开发进程表

项目	环节	具体内容	备注
课程包装	确定包装主题	整理讲师资料，提出包装主题和修改意见	
		修改包装主题，内部评审通过，定稿	
		将包装主题发给讲师，得到明确反馈，并要求讲师提供补充资料	
	确定讲师包装	讲师照片评审，如不符合要求，重新提供或重拍	
		确定讲师背书，内部评审通过后定稿	
		提交课程详情页头图文案，内部评审通过，定稿	
		跟进课程详情页头图设计，内部评审通过，定稿	
	确定推广软文	提交软文框架，内部讨论通过	
		撰写软文初稿，内部评审，提出修改意见	
		软文修改，内部评审通过，发给讲师评审，跟进反馈意见	
		软文再次修改，内部评审通过，发给讲师确认	
		如未通过则循环修改，最终修改定稿	

项目	环节	具体内容	备注
课程包装	确定课程包装	提交课程详情页文案，内部评审通过	
		设计课程详情页图片，内部评审通过	
		提交裂变海报文案，内部评审通过	
		设计裂变海报图片，内部评审通过	
		课程技术设置（课程链接、课程入口及内容排版）	
课程上线	上线预演	预览发布，内部第1轮评审，提出修改意见	
		修改，内部第2轮评审，提出修改意见	
		修改，内部第3轮评审，定稿	
	软文发布	公众号推送软文	
		发布课程页，以课程介绍及目录为主	
	课程发布	明确定期更新频次及顺序	
		第1课上线，课程正式发布	
		按照计划定期更新	
课程推广	推广计划	提交课程推广计划，内部评审通过，确定预算资金	
		外部推广联系，确定推广渠道、费用和日期	
		讲师推广资源联系，确定推广方式和日期	
		内部推广资源整合，确定推广方式和日期	
		补充推广内容，内部评审通过，定稿分发	
	推广执行	跟进外部推广，统计推广效果	
		跟进讲师推广，统计推广效果	
		跟进内部推广，统计推广效果	
	推广更新	根据课程销售及更新情况，提出推广更新计划	
		准备有关推广更新的文案、图片等内容	
		执行推广更新计划	
课程复盘	总结传播	内部总结得失，对工作方式进行调整	
		如果销售情况理想，撰写总结文章发布在公众号上	

　　每天查看进度，确保今日事今日毕，这样做起事情来就非常有章法。每天只要按照进度完成工作，就能保证项目的效果。团队的管理者每天的任务就是拿着表去和每个人核对工作，判断他们的工作量和工作效率是否达标。

你对执行表的理解是什么?

_____

本节都讲了哪些执行表?

_____

你学习本节的收获是什么?

_____

本节互动

你现在最需要使用什么表?

_____

接下来你会准备哪些工作表格?

_____

请你给自己的个人年度计划做一个表格?

_____

第 2 章

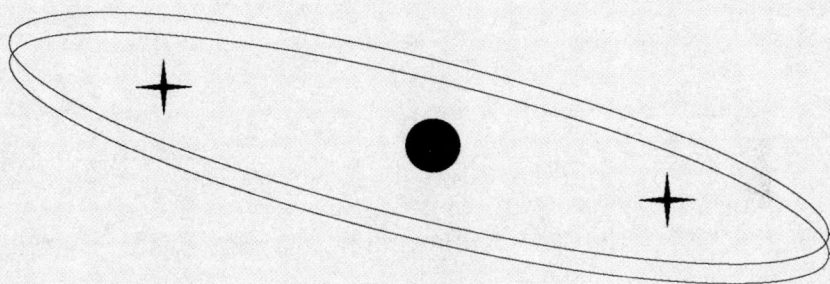

基础方法篇：
8个最基本的步骤搞定完整方案

✛ 目的明确：

找准靶心，方案效果提升 300%

很多人在写方案时不太注重目的和目标，总是泛泛地写。而真正的高手一定是把目的和目标考虑得非常清楚的。就像去做生意，是不是需要非常明确的目的和目标？去旅行，是不是需要有一个非常明确的目的地？

那么，应该用什么方法确定方案的目标呢？用提问的方法，即只要不断地问问题，就可以明确目标。曾经有一位学员问我："我是做净水器生意的，如何做好儿童节促销方案呢？"你思考一下，他的这个目标明确吗？很显然是不明确的。

假如他这样设定：我的公司是做净水器的，这款净水器对孩子的饮水特别好。我想在儿童节做促销活动，费用预算为 10 万元，希望有 10 万名家长和 1 万名老师知道这个品牌，获得 1000 个精准客户，达到 50 万元的销售额。这样的目标就相对明确一些。

当明确了目标以后，你就可以围绕目标来思考。

在做方案时，你的大脑会驱使你去思考问题，包括应该到哪里去找 10 万名家长，10 万元以下的广告投放方式有哪些等。这样做出来的方案会更精准，因为目标会直接影响到你的思考方式，防止天马行空的想法，进而把方案做得更合理、更有效果。

不仅仅是做方案，工作、生活，甚至一次出游计划都需要有精确的目标。很多人一天的工作很忙，到了下班之后才发现自己做了很多毫无意义的事情。假如每天一上班就确定一个目标，之后把这个目标累加到一周或一个月，再累加到一年，这样就会十分有效。

如果你要学习写文案，就给自己设定目标——每天写 2000 字的销售文案，再阅读 30 页关于文案的书籍。坚持一个月，你一定会有很大的进步。下个月你再给自己设定目标——每天写 2000 字的品牌定位文案，再阅读30 页关于定位的书籍。

计算一下，如果你这样坚持一年，可以写多少字的文案，阅读多少本书籍？按照 300 天计算，你可以写 60 万字的文案，阅读大约 30 本书籍。不过，假设没有目标，每天都做一些无关紧要的工作，那么一年过后，你写的文案还是和以前一样的水平。

我有几个写方案的分享群，我每天都会在群里提一个问题，涉及个人成长、思考、学习、工作、写方案等多个方面，要求群员回答。有的群员每天回答 500 字左右，100 天过去了，回答都积累到了 5 万字。我自己也积累了 5 万字。于是，我们打算联合出一本《每日 1 问》的书，正是因为我们一直坚持自己的目标，每天在群里发内容，这本书才可以汇聚更多有价值的素材。

案例+

从一个普通花艺师到五星级酒店花艺师的方案

有一个学员学完我的课程以后跟我讲："我本身是一名花艺师，手下有很多准备创业开花店的学生，所以我想专注一点，希望老师可以给点儿建议，特别是个人品牌方案构建、策划、包装、注意事项等方面的建议。"

他的目标算不算明确呢？其实也算明确，就是想提升个人品牌。当他提出问题时，其实他已经知道了自己的优点和缺点：优点是花艺技能优秀，缺点是个人品牌不足。做这类以技能为核心的指导，不仅需要关注技能的提升，还需要关注个人品牌价值的提升。

例如，瑜伽师、健身教练、花艺师、茶艺师、医师、面包师、理疗师等都需要以技能为核心。对于他们来说，个人品牌影响力的大小会对收取费用的多少产生深刻影响。我的学员清楚地知道要提升自己的个人品牌，所以提出的问题也算一个目标比较明确的问题。

对此，我给他的个人品牌方案如下。

◆ **第一，分析自己的特长，在品类中找到自己独特的优势**

作为一名花艺师，他可以给自己贴一个标签——我是一个什么样的花艺师，如五星级酒店的花艺师、PARTY花艺师、佛系花艺师。给自己一个明确的标签是打造个人品牌最重要的一件事情。我跟他举例说，我曾经给我的一位设计师朋友做个人品牌定位，当时就建议他做一个电子行业的 Logo 设计师。后来，这个标签为他赢得了高价格的设计订单——别人设计 1 个 Logo 只收取几百元或几千元，而他能收取 1 万元以上。

我为什么要他做电子行业的 Logo 设计师呢？因为他在深圳工作，而深圳的电子行业占据全国相当大的市场，仅在华强北周边的几栋写字楼里面就有上千家电子公司，客户需求量非常大。在深圳，他可以找到很多电子行业的高价值客户。结果经过一年的宣传，确实有很多电子公司主动找他做 Logo 设计。

找到自己的标签，一旦这个标签传播出去，订单就会主动上门来。这个标签会不断地为你汇聚能量，也就是赋能。

◆ **第二，要给自己背书，让自己看起来很厉害**

背书是什么意思？通俗来讲，背书就是增加自己的资历。例如，为五星级酒店做过花艺、为世界 500 强公司做过花艺、为明星婚礼做过花艺等。这些经历都可以成为你的背书。此外，包括一些合影、证书、奖状，都可以成为你的背书的资料。

有的人可能会问，我自己没有这些背书怎么办呢？

很多时候，为了寻找背书，你需要付出一些努力。例如，你可以免费为五星级酒店做几次花艺，然后让酒店为你颁发一个证书，这样就获得了一个背书；还可以为腾讯、百度、中国银行等知名公司做几次花艺布置，这样就可以称自己为名企花艺师了。

当然，这不是让你去沽名钓誉，而是你确实获得了五星级酒店的认可，确实能够达到五星级酒店花艺师的水平。只有你满足了这样的条件，才能去做这个事情，否则也只是徒有虚名，甚至会损害你的名声。如果你的水平还不足以承担那个名誉，就多花费点功夫，把自己的水平先提升到一定的级别再去获得背书。

◆ **第三，给自己找到合适的传播渠道，汇聚用户池**

现在可以进行传播的渠道很多，包括公众号、头条号、百家号、一点资讯等。如果你的项目视觉效果比较好，还可以在抖音传播，不过需要花费大量的时间。一个合适的传播渠道通常不需要花费太多的精力，最好选择自己能够操作的。

其实，个体商户还可以做一个付费社群，收取的费用可以很低，主要目的是积累目标客户。为什么要做付费社群呢？第一是要筛选客户，第二是提供更好的服务，而付费社群的成员就有可能成为目标客户。

案例+

一家 200 平方米的养生馆如何 3 个月提升 3 倍营业额

我们现在来看一家门店是如何用 3 个月的时间将营业额提升 3 倍的。

我曾经帮助一家养生馆提升营业额。这是一家 200 平方米的养生馆，面积很小，位置也很偏，每月的营业额只有 3 万元左右，从来没有突破过 5 万元。通过我的营销策略，短短 3 个月的时间，这家养生馆每月的营业额就达到了 10 万元以上。

这样一家小小的养生馆，每月 3 万元的营业额，除去成本，可以有 2 万元的利润。对于个人来说，开一家养生馆，月收入 2 万元，生活也会过得不错，毕竟大部分上班族还拿不到 2 万元。但老板很不甘心，想让自己的养生技能帮助更多的人获得健康。

我被他的诚意打动，决定帮助他。我首先为养生馆定了明确的目标。

（1）让周围 1 公里的人都知道这家养生馆。

（2）将人流量提升 2 倍。

这里要区分清楚，人们知道养生馆和养生馆的流量是两回事。有些店做了很多广告宣传，知道这些店的人也很多，但人流量仍然非常少。所以，我把这两个目标分开来定。因为过去没有宣传，这家养生馆的人流量很少，店面看起来很冷清。

开过店铺的人都知道，店面冷清就不会吸引更多的人进去。就像我们吃饭总会选择人气旺的饭店，甚至还愿意花 1 个小时等待一样。

（3）用 3 个月的时间将营业额提升 1 倍，然后用 3 个月的时间让营业额翻倍。

只要定好目标，就可以去思考方案的内容，在写方案时就可以思路清晰。即使没有写过方案的人，也可以这样去定目标。

应该怎样做才能实现定好的目标呢？这就要看方案的策略。

一提到策略，很多人可能觉得必须高端、大气、上档次，要使用互联网思维和新的营销手段。其实，对每个具体的情况，只要找到合适的方法，有助于目标的实现，就是好策略，就是好方案。所以，千万不要动辄就谈"高大上"的理论。

我当时给养生馆做了 3 个推广策略。

1．在周围 1 公里发放免费体验券 2 个月

这里要注意，是发体验券而不是传单。现在，发传单几乎没有任何效果，因为大家在接到传单后会立即扔掉。而体验券则会被有兴趣的人保留，这样就会有一部分人来体验。

为什么是发放 2 个月呢？这个时间是不是太久了，太浪费了？

当然不浪费，恰恰是因为持续发放才能引起周围人的注意。有些人会连续几次接到体验券，当第 1 次接到时，他可能会扔掉；但当第 3 次接到时，他就有可能心动了；当发现这家店已经发放了 1 个月且还在发放时，他就会逐渐对这家店产生兴趣，甚至产生亲近感。

但如果只发放了几天就停下来，那么当他有需求时会找不到这家店，那岂不是前功尽弃？事实上，很多店做了几天的宣传觉得没有效果就停下了，然后老板就抱怨这种方式没有效果，于是又开始尝试另一种方式，结果往往是都没有效果。

2．开通美团账号积累好评

美团是实体店引流非常好的工具，在美团上开通一个账号一年大约几千元，即使加上推广费用，也不会超过两万元。现在，人们在选择服务之前会先去美团或点评网查看评价，这意味着人们的购买逻辑已经发生了巨大的转变。

过去，人们的购买逻辑是"查找—咨询—决定是否购买"；现在，人们的购买逻辑是"查找—搜索—看评价—决定是否购买"。也就是说，人们是否购买的决定在还没有实地考察之前就已经做好了。因此，在人们还在搜索时，就一定让他们倾向于选择自家店而不是别家。

很多人在美团开通了账号，但并没有效果。这不是美团的问题，而是这些人自己没有用好。人们在美团上看的是价格和好评，所以要设置引流产品，做好评价引导。这就要求养生馆不断提升服务质量，改进环境，以促使客户在拍照、写文字时做出有利的评价。

3．开通微信公众号，写成功案例

作为一门小生意，养生馆也许不会有很多微信公众号粉丝，但在微信公众号写成功案例是维系现有粉丝的绝佳方法。客户在光顾一家养生馆之前，一定要知道养生老师的水平如何。尤其是知名度不高的养生馆，更需要成功案例的佐证，而微信公众号就是不断发送成功案例的绝佳阵地。我们看到很多养生馆的招牌上写着"主治：颈椎病、腰椎病、肩周炎、偏头痛、脊柱侧弯、腰肌劳损、腰椎间盘突出、气虚、肾虚……"。对此，客户敢相信吗？答案是不敢，或不确定。

如果在微信公众号上发一个成功案例，就可以很好地增强客户的信心。养生的过程写得越详细、越真实，就越能增强客户的信心。尤其是再加上一些图片，效果就更好了。

在微信公众号上发起赠送免费体验券的活动也是不错的策略。对于"只需要帮忙转发文章就可以获得免费体验券"的条件，大多数客户是很乐意接受的。在转发的文章里面，还可以再次派发免费体验券，如此循环往复形成常态式体验营销，从而邀请到更多客户参加。

就这样，用了两个多月的时间，养生馆每月的营业额从原来的3万元提升到5万多元。

这样就结束了吗，当然不是。这仅仅是第一个阶段的策略。

那么接下来要怎么做才能让营业额再提升1倍呢？我又给出了两个策略。

1．在公司和社区做讲座，把影响力扩展到10公里以外

讲座是一种深度的交流，无论是10个人参加，还是20个人参加都会有效果。只要每次成交几个客户，就有可能带来将近1万元的收益。当然收益并不是最重要的，最重要的是培养了更多的潜在客户，把宣传的范围扩展到

了 10 公里以外的地方。

有的人可能会说，讲座很普通啊，很多养生机构和医馆都在做。没错，但谁见过养生机构可以在同一家公司做 10 场讲座？

我的策略就是找到员工众多的大型公司连续做讲座。于是，我选择了保险公司、地产公司，最后做到这些公司的员工都知道有一家非常不错的养生馆，而且十分清楚这家养生馆的专长是什么。果然，过了 3 个月，接受讲座的几家公司的员工源源不断地驱车 10 多公里到这家养生馆调理身体，甚至还有一些员工带了新客户过来。

2．开展社群营销，深化用户经营

社群是深化用户经营的方法，而且是最方便口碑传播的方法。我指导养生馆建立老客户社群，要求老板经常在社群内回答关于健康、养生的问题，而且每周要做 1 次养生的讲座，每次不能少于 30 分钟。每逢节日，老板还会做活动，在社群内发红包，让群成员帮忙转发活动内容。

通过上述两个策略，我用了不到 3 个月的时间，将养生馆的营业额提升到 10 万元以上。

2020 年 8 月，我用社群发售个人品牌 1 对 1 咨询，两个小时收款 95 万元；2020 年 11 月，我用社群发售一九个人品牌私董会第二期，一天收款 408 万元。

做社群发售的人很多，但是真正得到验证的策略不多。这些策略我总结为"裂变式发售"，并经过多次的尝试和完善。无论你是开美容店的，还是开养生馆、饭店、连锁店的，又或是开网店的，都可以使用这样的策略。

实用小贴士 ✦

1.设定一个切实可行的目标：这个目标一定要具体、明确，而且可以达成。

2.找到自己能够执行的具体方法：具体方法要在能够承担费用的情况下执行，不需要很多天马行空的主意。我们可以找三个具体方法，把每一个方法用好、用足，就一定会有效果。

3.要做到不断裂变：在互联网时代，要想方设法让客户与我们产生链接，把客户聚集到社群内，让客户主动传播，裂变出更多的客户。

本节的核心概念是什么？

_____

本节的核心内容是什么？

_____

你学习本节的收获是什么？

_____

回顾以往所写方案的目标是否清晰？

_____

你下次写方案时如何确定目标？

_____

列出你今年的发展目标。

_____

✛ 结构清晰:

用好 4 步结构，快速撰写不纠结

第 1 章已经详细讲述了方案的结构，并把方案的最简结构称为"4 步极简撰写法则"。只要你掌握了这个结构，就可以迅速完成一个方案，而不用再去纠结究竟用什么结构。

我把写方案分为 4 步，主要基于两种考虑：一是为了简化方案，降低写的难度；二是因为越简单的表达越具有说服力。如今，大部分的方案都可以套用这 4 步，而且当你学会用这个结构写所有的方案时，还可以对方案进行调整。

下面以活动方案为例，看看应该如何运用 4 步结构。

案例✛

一个小小面包店一开就火的开业方案如何做

我们以一家面包店的开业庆典方案来举例。之前，我了解了一家面包店

的老板的营销策划需求。这个老板具有十多年的面包制作经历，制作的面包非常正宗，甚至超过了很多连锁店。他想要先开好第一家店，随后开始连锁化运作。众所周知，连锁店的第一家店至关重要，所以我也建议他先不要想太多，集中精力开好第一家店。

一家面包店的开业庆典虽然是很小的活动，但和一个大型商场的开业庆典没有本质的区别。而且有时二者相比，做好一个面包店的开业庆典方案甚至更难。一家面包店的老板一般不会太有钱，这也就意味着经费有限，所以无法做大型的活动，更无法做户外广告——随便在马路上做一个广告牌就要5000元，这是一笔比较大的开销。

而大型商场则不同，他们会预备几十万元甚至上百万元的广告费，这意味着方案可以尽情发挥，活动内容也可以尽情创意，还可以邀请明星、做抽奖得汽车活动等。

做好一家小店的营销方案需要的是硬功夫。相信我，只要你能做好小店的营销方案，让小店的利润翻倍，那么做任何大型项目就都没有问题。

面包店的开业庆典方案如何做呢？可以采用"4步极简撰写法则"。

第一步，写分析

前面的内容讲道，写分析要用3C分析法，就是分析竞争对手、分析客户、分析自己。

◆ 分析竞争对手

要做面包店的方案，一般要分析周边 1 公里的面包店，看看这些面包店是如何做的。例如，他们的场地是如何设置的，是宽敞明亮，还是温馨浪漫；他们做的面包是软面包还是硬欧包，有没有蛋糕，有没有牛奶和饮料；他们的价格是多少，是定位高端还是日常消费；他们的促销活动是如何做的，是不是打折、做不做节日活动；他们的服务是否专业，客户是不是满意等。

经过分析我们发现，周边的面包店要么是面积只有 10 多平方米的小店，要么是开在商场里的综合店——既卖饮品又卖面包的店。这两种店都无法满足都市家庭日常的需求。现在，很多都市家庭都有早餐和晚餐吃面包的习惯，尤其在深圳这座城市，更是有很多去过欧洲的人，这些人都知道在欧洲的上层社会必备的早餐就是欧包，相当于我国的豆浆和油条，是日常消费。这是我发现的一个很大的机会。

◆ 分析客户

之所以要分析周边 1 公里的客户，是因为面包属于就近消费的产品。对于面包店来说，周边几个小区的客户是核心目标客户，必须深入研究他们的消费习惯、经济状况、平常都在哪里购买家庭日常消费品、愿意花多少钱等情况。

经过分析我们发现，周边的小区住的要么是高新科技产业园的员工，要么是政府或科研所的员工及其家属，这类人对欧包的日常消费并不陌生。

◆ 分析自己

要做好面包店的方案，就要分析自己的面包店有什么优点和缺点，店面是不是装修得足够好，服务是不是有特色，价位高不高，能不能与周边的面包店竞争等。

这家面包店的主打产品是欧包，尤其是正宗欧包。此外，面包店的老板还对原料有严格要求，几乎全部使用进口原料。在发酵技术上，老板也坚持采用全酵母发酵。我问老板："面包不就应该是全酵母发酵吗？"他回答道："其实很多面包店采用的是发酵粉。深圳的很多面包都做得是 7 成熟，这样的面包会有点腻，用手一捏感觉像面团一样。"

所以，这家面包店的产品有很大的优势，但也有一大劣势，即地理位置偏僻——在一家刚开业不久的商场的边角处，是整个商场距离地铁口最远的一个地方。

这就是我运用 3C 分析法进行的分析。

有的人可能会问，只不过是一个开业活动，为什么要这样大费周折地进行分析，很多营销人员不是很简单地直接写如何做吗？是的，很多营销人员是这样做的，这些营销人员要么是初级的营销人员，不知道需要做分析，没有这个概念，所以做出来的方案就靠运气；要么是高级的营销人员，知道需要做分析，但并没有写出来，不过，尽管他们没有写，但心里像明镜似的，可以直接进入操作环节。

所以，我们在参考别人的方案时，要知道方案缺了什么内容，什么内容是没有写出来的。

做好分析之后，我们可以把基本情况和目标一起写出来。

场地：商场的广场上。

目标客户：周边小区的三口之家、白领、宝妈、老人。

活动目的：告知目标客户面包店开业，提升面包店的影响力。

活动目标：让 10 万人知道这家面包店；办理 300 张 VIP 卡；充值 10 万元。

定了这么高的目标，面包店又如此偏僻，如何才能实现呢？这是一个巨大的挑战。

第二步，制定策略

活动策略是"试吃+裂变+外卖"。

开业当月邀请 3000 个人试吃：只要到店就可以领取一个正宗欧包，但有一个条件就是转发一条开业信息，邀请自己的朋友来试吃，这样就实现了裂变。如果有 3000 个人来试吃，假设每个人有 1000 个朋友，那么就是 300 万人，即使打个 1 折也还有 30 万人，这是一个巨大的传播效应，仅花掉 3000 个面包而已。与做广告相比，这是非常合算的。

另外，为什么要推广外卖呢？

因为面包店的位置比较偏僻，想要让周边的居民购买，送外卖是最好的办法，这样就会逐渐培养消费习惯。

在促销策略上，只要在开业当月办理会员卡，充值 300 元即赠送 200 元饮品。对客户来说，这是一个巨大的优惠。为什么要赠送饮品而不直接送面包券呢？因为饮品能够吸引客户到店消费，而面包可能是直接送外卖了。到店消费可以增加人气，而饮品的成本相对较低，也会节约一大笔费用。

有了这么一个"试吃+裂变+外卖"的策略，就很容易把刚开的面包店迅速做出知名度。

第三步，做规划

规划要根据活动的内容和场地进行，具体就是把策略里的内容形成一个系统，分门别类地写好。这家面包店的规划主要涉及宣传、场地、产品等方面。

宣传规划：采用什么宣传方式？如何让最初的 3000 个人知道面包店？微信宣传、周边发放传单、周边广告可以结合着一起做。我选择了最直接的微信海报、商场海报、小区海报三种方式。这三种方式虽然简单，但非常有效。

场地规划：舞台如何搭建？桌椅、音响设备如何摆放？宣传展板、宣传条幅如何悬挂？通过调动现场的氛围，让周边的人知晓面包店开业了。

产品规划：如果有 3000 个人领取面包，如何满足？这就需要提前做好产品的储备。

第四步，活动执行

活动执行的重点是 3 个表格。

人员分工表：每项工作由谁去执行，必须将责任明确到人。

活动流程表：从活动的开始到结束，每个环节都要写进流程表内。

活动物料表：确保物料不会遗漏，保证活动顺利执行。

通过这 4 步，一家面包店的开业营销活动方案就顺利理清了思路。

那么，如何才能快速上手呢？

我有一个技巧，就是保存几个 PPT 模板在电脑里，同时把 4 步也保存在电脑里，每一步单独用一页。如果需要写方案，就立即拿出一个模板，直接填充内容，这样就不用再为每次寻找模板而耽误时间了。

曾经有连续三年的时间，我所就职的公司业务非常好，接待的客户在每个城市都有分公司，全国加起来有几千家分公司，每家分公司都需要做各种活动。因此，我带的策划团队几乎每天都需要出几个方案，涉及促销活动、新闻发布会、开业仪式、年会、歌友会等。

有的新人写方案很慢，我就让他先做出模板，只要思考好策略，就直接在模板上填充内容。这样就可以像流水线一样"生产"方案，非常快，而且"生产"出的方案说服力很强。

每到年末，我都会给出一个模板，让我的学员分别做出来年的个人发展计划方案。

实用小贴士 ✛

　　找几个简单的 PPT 模板，把活动分析、活动策略、活动规划和活动执行做成 4 页，再做出首页和尾页，找一些表格插入进去。这样，只要写活动方案直接套用模板就行，至少可以为节约 30%的时间，非常实用。

本节的核心概念是什么？

_____

本节的核心内容是什么？

_____

你学习本节的收获是什么？

_____

本节互动

请你回顾一个方案的策略。

_____

如果下次写方案，你会如何写策略？

_____

列一下自己今年的发展策略。

_____

✚ 创意出彩:

抓住创意本质,方案效果放大 100 倍

一个方案有了分析、策略、规划、执行四个部分,就可以呈现出一个清晰的结构。那么有了结构,我们应该如何想出一个好创意呢?

在微信公众号,一篇有创意的文章可能有 100 万人次的阅读量,但一篇普通的文章可能只有不到 100 人次的阅读量。出现这种现象的原因,除推广等因素以外,最重要的就是创意。

在抖音,有创意的视频可能有 100 万人次的浏览量,但没有创意的视频可能只有 100 人次的浏览量。这个差距是不是太大了?所以,在互联网时代,一个抓住创意的本质的方案真的会达到 100 个方案的传播价值。

而传统的线下渠道则不会有这么明显的差距,因为本身影响的范围比较小。互联网时代是一个赢家通吃的时代,一篇好文章大家都会来围观,普通文章却几乎无人问津;一个好产品可以卖到几千万件,普通产品即便费尽心力推销可能仍然销售不好。这些状况大部分源于创意不足。

很多做方案的新手总是觉得自己的工作没有获得高工资、高收益。那么,有没有快速提升自己收入水平的做方案的方式呢?我认为是有的,那就是提升自己方案的传播价值。为什么特别强调传播价值呢？因为方案只有被更好地传播，才能实现更好的销售业绩，为公司赚取更多的利润。如果一个人做一个方案能抵得上 10 个乃至 100 个方案的传播价值，我相信老板是非常愿意出高价聘请这个人的。

我们可以在网上搜索到很多写创意文章的方法，也有很多书提出如何想出创意，如颠覆性思维、创意框架结构、创意逻辑思维等。可惜的是，实用的内容并不多，因为很多创意源于平面广告和电视广告时代的要求。

现在是互联网时代，我们想要创意达到 100 倍的效果，就要与互联网结合。互联网可以把一个事件放大 100 倍乃至 1000 倍，这是容易做到的，而且所需的费用非常少，这符合大部分中小型公司的需要。

所以，在互联网时代，抓住方案的创意点的最重要的方法就是与互联网结合。

实用小贴士　+

1．我们不能做一个创意很好、有很多人看，但和人及产品没有关系的方案，这样的方案很难产生商业价值。

2．创意要有连续性。我们不能单单想一件事情，而是要围绕产品接连不断地产生好创意。我们常常说某个人很有想法，为什么这样说呢？是因为这个人经常有好主意，如果他一年只有一个好主意，我们就不会说他是很有想法的人了。

3．创意要有可传播性。在互联网时代，人们愿意传播的信息一定是超出普通信息的，如出奇的、引人深思的、搞笑的、戳痛人心的信息等。只有能够引发转发的创意，才能实现裂变性传播。

本节的核心概念是什么?

_____

本节的核心内容是什么?

_____

你学习本节的收获是什么?

_____

请你给自己的产品写一个互联网的策略。

_____

谁能承担你们公司产品的人设?

_____

请你给自己制定一个人设。

_____

✛ 虎头凤尾：

开头引导和故事结尾，让方案与众不同

写方案就如同写文章，开头和结尾是重中之重。有一种方案，一开始就能够吸引人们的注意力，而且让人想立刻就要知道方案的内容是什么。

这是一个快节奏的时代，要求与以往不同了，不需要你娓娓道来。一份商业计划书，投资者大概会给你5分钟的发挥时间，因为他一天要看100份商业计划书，所以，如果3分钟还没有抓住他的眼球，这份商业计划书基本就已经被搁置一边了。一篇自媒体的文章，如果开头没有吸引读者，那么读者很可能迅速退出，因为读者大概能够忍受7秒，若超过7秒还没有吸引读者的注意力，这篇文章基本就不会有太高的浏览量了。

前段时间，我发现总有些学员听不完我所有的课程。我就在思考，这是为什么呢？难道是内容不够好吗？但在内容上，我真的已经用心打磨了。为了一节15分钟的课程，我甚至可能花费两天的时间。我对课程时长的把控也非常严苛，能压缩的时间尽量压缩，就是想为学员节约时间，但为什么他们还是没有听完呢？

直到我遇见一个出版社的朋友，他出版了一百多万本书，也出版过数本

销量超过 200 万册的书。他说："在买书的人中，仅仅有 5%的人读完了整本书，有 20%的人读完了第一章，还有 10%的人只看完了目录，甚至有 10%的人买回去从来都没有打开过。确实，我自己也有很多书'躺'在书架上从来没有被打开过。"

他还解释说："这并不奇怪，谁规定买了书就必须看完呢？我们买衣服也不会一直穿，很多女士的衣服仅仅穿过一次，甚至有的衣服从来都没有穿过，而且还一直买。因此，只要人们能读完第一章，甚至一本书只要学到两到三句重要的话就非常值得了。"

更何况，现在是互联网时代，人们的时间更加紧迫。后来，为了让更多的学员学到每堂课的核心内容，我坚持在每堂课的开头就亮出最重要的部分；整个课程也会把最重要的内容放到最前面。也就是说，如果有 12 节课，那么学员只要学了 3 节课就知道了核心内容，因为其他不太重要的内容都往后面放。

我在写这本书时也在想，能不能把核心内容往前面放？于是，我把"4 步极简撰写法则"放到第 1 章。这部分是我看到的所有关于写方案的书都没有总结到的，可以帮助大家快速掌握方案的写作结构。至于其他的案例和创意，都是我日积月累的，可以慢慢读。这样就可以保障购买这本书的人，哪怕只读完第 1 章，也学会了方案的核心框架。

开头很重要。

例如，有人写了一个方案，开头就是"让天下没有难做的生意"，这就是马云写的融资方案。这个融资方案吸引了知名投资者孙正义。据说在几分钟的时间内，孙正义就决定为马云投资两千万美元。要知道，当时的两千万美元可是一笔巨款。

可惜的是，大部分人的方案开头平铺直叙，甚至还有人为了凑篇幅将搜集的资料写上去。对于这样的方案，客户在翻看了两三页之后就会觉得没有什么内容，便直接丢弃了。

为什么方案的开头如此重要呢？

◆ 第一，满足时代的需要

过去，人们可以很仔细地看一个方案，而现在，人们的生活节奏非常快，可能每天都看很多方案。我在做品牌咨询时，会告诉客户包装设计非常重要，因为产品放到超市销售需要让客户在 5 秒钟内就非常喜欢，否则客户就会选择别的产品。此外，Logo 设计也非常重要，因为 Logo 承载了品牌最重要的形象识别，需要让客户一眼就能够辨识出来，这样可以节约百万元乃至千万元的广告投入。

知识生产者同样要尊重时代的要求。就连这本书，我也尽量把各节的标题写明白，以便大家可以挑选自己需要的部分阅读。我还在这本书中还划分了重点，也是为了尽可能让大家节约时间。

◆ 第二，尊重别人的时间

尊重别人的时间是一种美德。如果方案的开头写得很好，就不会浪费别人的时间。有时，我也会反复地琢磨，如果一节课能够在 15 分钟内讲完，就不要用 20 分钟去讲。当然，这不是偷工减料，而是需要花更长的时间打磨，因为要把 20 分钟的课压缩到 15 分钟就需要重新调整结构和组织语言，琢磨哪些内容可以去掉、哪些内容必须保留。

品牌类、营销类的方案都是一开头就点明这是一个什么产品；之后讲品牌规划、营销规划；接着是招商规划、传播规划；结尾则是"谢谢大家收听"或"谢谢大家观看"。这样的开头和结尾是非常普通的。

有一种开头是标题性开头，非常吸引人。

自媒体有很多标题党，写出来的内容有的很好，有的很差。如果是很好的内容，人们就会觉得这个标题是非常扎实的；即使内容写得很差，但人们也点开了这篇文章，这就是好的标题的价值。

我们来感受一下两个方案的标题"××品牌营销策划方案""××品牌节日营销方案"。大部分方案的标题都是这么写的，但如果更改一下呢，如"从 3000 万到 10 个亿的跨越——××品牌爆款营销策划方案""这个节日如何让女人欢呼起来——××品牌节日营销方案"。虽然方案的标题不像自媒体的标题那么重要，但一开始就点出主题，会让客户眼前一亮。

另一种开头是故事性开头，也非常吸引人。

我们都知道马丁·路德·金曾经做过一场著名的演讲。他在演讲的开头说道："我梦想有一天，这个国家会站立起来，真正实现信条的真谛：'我们认为这些真理是不言而喻的——人人生而平等。'"

然后，他对这个故事展开阐述："我有一个梦想，梦想有一天在佐治亚的红山上，昔日奴隶的儿子能够与昔日奴隶主的儿子坐在一起，共叙兄弟情谊；有一天幽谷上升，高山下降，坎坷曲折之路成为坦途，圣光披露，照满人间……"

当时，这个故事感动了很多人。即使是现在，我去读这个故事，还是觉得心潮澎湃。这种故事性开头，也是我们写方案一个很好的借鉴。

我有一个朋友想开一家酒吧，就写了以故事开头的融资方案。在方案的开头，他没有写自己的产品有多好，而是讲述了自己从小到大的一个骑士梦想，描述自己和朋友骑摩托车到长沙、成都、重庆旅行的故事。此外，他还讲述了沿途的风光及自己的人生梦想，让在都市中忙碌与焦灼的人群可以同样感受到这样的情景。

他想开一家酒吧，接待那些为梦想远行的人，与他们一起吃美味的羊肉、演奏动听的摇滚乐。他相信，在忙碌的都市中，有很多人需要这样一个场所。最终，他打动了投资者。

这个社会发展太快，很多投资者每天看太多的方案，当一个有情怀的人出现，能以情动人，就能打动他们。可见，故事是一个非常好的方案的开头。

还有一种是疑问性开头。例如，为什么你每天工作 8 个小时，月收入 5000 元，而你的同事每天工作 5 个小时，月收入却能达到 80 000 元？这样的开头是不是对做着普通工作的白领很有吸引力？

他们会认为自己月收入 5000 元，辛苦工作 8 个小时，甚至有时还要加班，而有的人工作很轻松，却可以月赚 80 000 元，这一定是有原因的。但在正常的情况下，普通的员工是不知道其中的原因的。此时，一个疑问性开头就能够有很强的吸引力。

这几种开头的方式各有优势，在写方案的过程中，我们可以多实践，灵活运用。

除开头外，结尾也是有讲究的。

绝大多数方案的结尾就是"谢谢聆听""感谢观看"等，以此来表示讲解已经结束。如果写方案的人认为自己的方案已经结束了，那么别人也会认为已经结束了，但这样是不能让客户做进一步思考的。接下来，我介绍几种比较好的结尾方式。

第一种是故事性结尾。

有人做了一个网站，在融资时想了一个主意：在方案的结尾讲述美国知名电商公司亚马逊的案例，然后说自己的网站就是未来的亚马逊。这样的结尾会让投资者产生联想，在潜意识里认为这个公司潜力巨大。

还有一个理发连锁店的例子，其融资方案的结尾更精彩，讲述了一个有关星巴克的故事，说自家店要像星巴克一样。星巴克做最纯粹、最好喝的咖啡，而这家理发连锁店要用最纯粹的理发技能，成为理发界的"星巴克"。

星巴克在业内很有名气，做的咖啡非常标准，所以才可以在全球开那么多家店。这家理发连锁店要做理发界的"星巴克"，能给人很大的想象空间，这样就可以很好地吸引投资者的注意。这也是故事性结尾的魅力所在。

什么时候应该用故事结尾呢？一般写品牌方案和融资方案常常使用故事。但如果是招商方案，则可以采用第二种方式，那就是紧迫性结尾。

紧迫性结尾主要运用在招商方案、促销方案中。例如，要做一个招商方案，就可以使用紧迫性结尾："在 2021 年 3 月之前加盟的客户可以享受八折优惠，过期不候，而且仅限 50 个名额。未来，这样的优惠将不再出现。"

一个招商方案给出八折优惠，优惠的幅度真是非常巨大，而且只有在 2021 年 3 月之前签单才可以享受到，以后再也没有这样的优惠。在这个招商方案中，优惠时间的紧迫性会促使看到的人马上签单。

促销方案也是同样的道理。例如，某公司在儿童节做了一场非常大的促销活动，方案的结尾就可以是"仅限儿童节当天五折，过后恢复原价"，这样会促使很多宝妈忍不住多购买一些产品，从而达到很好的宣传效果。

我之前去参加了一场车展，销售员跟我讲："这款车只在车展活动期间有最优惠的价格，如果不抓紧时间订购，以后将再也无法享受这样的优惠。"为了让我对他所说的话没有怀疑，他通常还会接着说："去年就有很多客户没有及时订购，结果多花了两万元才买到自己喜欢的车。"这句话十分重要，因为这句话能触动他们，甚至打消他们的怀疑。这就是紧迫性结尾的重要性。

如果没有一个好的结尾，方案会十分普通，很容易被淹没在各种促销广告中。很多商家会利用人的情感，对自己的客户说"如果今天不买，就没有这样低的价格了，而且以后还会涨价"。这就是紧迫性结尾，特别适合招商方案和促销方案。

第三种是激励性结尾。激励性结尾适合在公司内部使用。有一年，我在一家文化公司就职，总经理说如果完成 5000 万元的营业额，就拿出 20%的利润给大家发奖金。5000 万元的营业额，如果利润是 1000 万元，那 20%的利润就是 200 万元。为了得到 200 万元的奖金，大家都奋力去做，最终完成了目标。可惜的是，团队并没有拿到这些奖金。但无论如何，都说明这个方案是非常奏效的。

可见，方案只有具备好的开头和结尾，才可以成功抓住客户的眼球。

实用小贴士

1．与得到什么相比，人们更害怕失去什么。失去的痛苦远远比得到的快乐更加强烈。

2．故事最能打动人心，90%的方案都可以讲故事。

本节总结

本节的核心概念是什么？

_____

方案的开头和结尾都有哪些方式？

_____

你学习本节的收获是什么？

_____

本节互动

假如你写一个方案，你将如何开头？

_____

假如你写一个方案，你将如何结尾？

_____

请你尝试写一个虎头凤尾的方案。

_____

✛ 内容翔实：

教你写出百倍回报的解决方案

上一节我们谈了如何通过写好开头和结尾让方案获得更多关注。但如何把方案的内容写得翔实，能够让方案落地执行才是更关键的部分。我们经常听到有很多人提出很多战略、方向、格局，谈了很多道理，但如果无法把具体的内容写得翔实，那就不是一个好的方案，甚至连一个完整的方案都算不上。

内容翔实并不需要非常高深的理论，而是应该将每个步骤都考虑到位，围绕核心论点，不断深化下去，做二级乃至三级深化，最终达到目标。要想让内容更翔实，需要关注 3 个要点。不过在讲这 3 个要点之前，我们先来看一个案例。

案例✛

一次增收 1.5 亿元的世界 500 强公司节日促销方案复盘

我们来分析中国移动的一家分公司的方案，看看让销售额提升 1 亿元的方案是如何做出来的。很多人虽然每天都在用手机，但可能没有真正了解过中国移动。在互联网时代，中国移动绝对是一家实力型公司。

在世界 500 强公司中，中国移动排到第 45 名。有一年，中国移动的一家分公司请我去做营销方案，因为这家分公司的客户超过 300 万人，想借此次机会做一个年底营销活动。这家分公司的目标是借助"客户超过 300 万人"的事件吸引 10% 的新客户，也就是增加 30 万个新客户，以此将营业额提升 1 亿元。

我首先分析，该分公司所在地虽然有 1000 万人口，但很多人都在外面打工，一些村庄平时都是空荡荡的。只有过年时，大家才会回来。那么，如何通过过年这短短 1 个月的时间增加 30 万个新客户呢？当时，我和同事先参加了一个包括市场部门、大客户部门、集团客户部门、数据业务部门等的部门探讨会议，提出的方案是下面这样的。

（1）举办抽奖活动，准备了两千多万元的礼品，包括电视机、电冰箱、手机、大米、油、纸巾等。

（2）组织办理业务赠送手机、充值赠送手机等活动。

（3）在火车站摆放帐篷做促销。

（4）在汽车站摆放帐篷做促销。

（5）邀请集团客户吃饭，为集团客户表演节目。

（6）邀请大客户开联谊会。

（7）在各个县城布置几十个促销点。

总之，各个部门都准备了丰富的内容，同时各个县级公司也有相应的促销办法。

大多数人在写方案时都会为了增加销售额想很多办法。有时，一个方案可以有上百页 PPT，看起来非常丰富。那么，这样的方案到底好不好呢？这样的方案只能算中级方案。顶级方案则是一招制敌，是对营造势能的一种把控力——人们常说谋战先谋势。

经过思考，我把方案修改了一下。

首先必须有一个主题。

主题：客户超过 300 万人，感恩回馈刮大奖，99.99%中奖。

在主题上，我想让客户感到震撼。客户对上述主题的感知是公司非常好，否则也不会有这么多客户；公司在做感恩回馈活动，有便宜可以占，而且 99.99%的中奖率意味着只要购买就可以获得奖品。

这个主题非常有杀伤力，因为之前很多人认为奖品不会落到自己头上，而 99.99%的中奖率就打消了这些人的疑虑。如果之前有 50%的客户犹豫不决，那有了 99.99%的中奖率，可能只有 10%的客户犹豫不决了。这样就把犹豫不决的客户减少了 40%，是不是非常不错？可见，在主题上，一个很小的改变，就能产生巨大的能量。

主题有了，应该如何增加内容呢？

前面我已经说过，那就是送刮刮卡：购买手机送刮刮卡、充值送刮刮卡、办理业务送刮刮卡、大客户答谢送刮刮卡、办理数据业务送刮刮卡。总而言之，所有的业务都和刮刮卡有关系，只不过赠送的数量不同。把所有的招数集成一个招数，让所有的部门做一件事情，这样就把势能做足，让方案有极强的穿透性。

客户对促销通常是有防范心理的，因此，只有穿透了客户的心理防线，客户才会买单。举个例子，要穿透一块木板，是用 1 颗铁钉容易，还是用 10 颗铁钉容易？当然是用 1 颗铁钉容易，而且最好把这根钉打磨得非常锋利，以使其更具有穿透力。营销方案的逻辑是一样的——要把全部的力量集中到一个点上。

为了更有穿透力，还能怎么做呢？主攻火车站和汽车站——这是过年回家必须经过的两个地方。在火车站和汽车站摆放 200 多个帐篷，可以形成巨大的视觉冲击力。冬天寒冷，等车的人还可以在帐篷里避风寒，这样就会有更多的人知道这个活动。而在别的地方，零散的促销活动根本不需要做，还可以节约不少成本。

这样做就行了吗？还能通过什么方式造势呢？

可以将一辆大货车布置成舞台的样子，每到一个地方就敲锣打鼓表演节目，从而达到宣传的目的。在一些县城，如果街上的动静这么大，很多人会围观。还可以安排现场办理业务，并设置抽大奖环节，从而吸引更多的人办理业务。

如何把口碑做出来呢？

我想到了一个招数：准备一支锣鼓队，如果有人中了大奖（如中了一台电视机或一台电冰箱），不让中奖者自己搬回家，而是由锣鼓队敲锣打鼓给他送回家，把大奖摆放到他家门口，并表演一段非常热闹的节目，可以给他戴上大红花。

这样一来，全村人都可以知道这件事情，如果还有记者特意去采访，就可以上新闻了。新闻比广告更有效，而且还不用花钱。最后，这个营销活动帮助中国移动的分公司增加了 58 万个新客户，比之前要求的 30 万个还多了 28 万个，而且还增加了 1.5 亿元的销售额。

我们来拆解一下这个方案。

首先，一个好的营销方案，一定要有一个好的主题。

总要找一个营销的理由，在上述案例中，客户超过 300 万个就是一个理由。当然，这不仅是一个理由，还能表达这是一家好公司，是一种好产品，毕竟客户都有从众心理。

我们经常看到一些公司做活动，如"苏宁夏季购物节""京东空调节"等，这些活动都有一个非常吸引人的利益点。而在中国移动分公司的案例中，感恩回馈刮大奖、99.99%中奖、全场 5 折、仅限 1 天，前 500 名充 200 送 100 等，都是利益点，而且十分明确。

标题不要含糊不清，也不要卖弄文采，如"感恩回馈三重奖，等的就是你""五一大礼等你来，携手共创新天地""携手共赢、共创未来"等标题会让客户不知道想表达的是什么。好标题不需要客户思考，客户也没时间思考，他们只会去寻找下一家。在写标题时，你要做的就是让客户看一眼就能够被吸引。要记住，客户留给你的时间只有 3 ~ 5 秒钟。

一个好的营销方案要有一个好主题。这里要注意的是"一个"好主题，而不是两个，更不是很多个。有不少人会犯错的地方就是，以为自己多写几个主题就会让客户觉得自己努力写方案，然后认为方案很好、创意很多。这是一个巨大的误区。

切记：一个好的营销方案一定只有一个主题。

其次，一个好的营销方案要集中突破一个传播阵地。

中国移动分公司的方案集中突破的是车站。因为车站是很多人的必经之地，只要把这儿突破了，很多人就能被吸引了。集中突破一点的好处是，一旦突破了这一点就能够成功，而且无须做其他零碎的事情。

最后，一个好的营销方案，要有足够的势能，要通过不同的方法把影响力推向更高点，这样才能攻破客户的心理防线。就像烧开水，必须火力十足，一直烧到100℃，如果烧到90℃就停了，那永远不是开水。即使反复烧8遍90℃，也仍然不是开水。

这类方案的撰写同样是按照"4步极简撰写法则"进行的。

◆ **写市场分析**

这个部分要分析目标客户群体，即农村客户。农村客户喜好欢快热闹，口碑传播速度快。所以，主题要简单、直白，制造欢快的场面。

◆ **写营销策略**

营销策略就是一个主题贯穿整个活动，打通一个点，做出势能，然后写出营销方案。

◆ **写营销规划**

营销规划要说明以什么方式做营销，如充值送刮刮卡、买手机送刮刮卡、集团客户送刮刮卡。我把奖品细分了一下，设置了不同的等级，如一等奖是电视机、二等奖是冰箱等。

◆ 写执行（表）

先把要开展的营销活动写进去，然后根据营销活动的步骤和方案设计人员分工表、活动流程表、活动物料表，确保营销活动可以顺利进行。

如果按照上述几个部分撰写，方案大概有 30 页 PPT，而且可以把具体的细节展示出来，内容也非常扎实，客户一看就知道如何执行。

案例+

12 万平方米商场开业 10 万人到场，隔壁小孩都被馋哭了

深圳有一家购物中心叫壹方天地，如图 2-1 所示，有 60 万平方米，分为 A、B、C、D、E 5 个区域。开业当天，A 区做了一个让消费者眼花缭乱、唏嘘感叹的活动。2 万平方米的购物中心爆满，直到深夜 12 点多仍然歌舞欢快，人声鼎沸，这究竟是如何做到的？

图 2-1　壹方天地正面图

靠的就是丰富的内容。这个活动有多个主题，现场搭建了 3 个舞台，邀请了 30 多位网红现场助阵，在电台、户外、公交站、地铁、自媒体、门户网站等众多媒体投放了宣传广告，形成了欢快、热闹的氛围，如图 2-2 至图 2-7 所示。

图 2-2　大门口宣传氛围十足

图 2-3　网红们现场助阵

图 2-4　外模现场表演

图 2-5　几十人的外籍迎宾队，惊呆了小伙伴们

图 2-6　IP 形象迎宾队——可爱的小熊排出几十米

图 2-7　现场的氛围：彩球一响人们沸腾了

下面让我们来看看活动的主题。

◆ **主题一：全场餐饮 3 折起（见图 2-8）**

松哥油焖大虾：满 200 送 100，可叠加、可赠送亲友。

蝴蝶梦音乐餐厅：开业前 5 天 6.8 折，开业前 10 天 7.8 折。

V11 牛扒餐厅：6000 份开业大礼包，惠灵顿顶级牛排 8 折享。

西贝莜面村：开业大礼包、买一送一、烤羊排+西贝面筋仅需 126 元。

彩辣唐：开业前 4 天分别为 3 折、4 折、5 折、6 折。

四季椰林：1 元两张半只鸡券。

此外，搞活动的商家还有宽窄巷、花炙寿司、俏九州、面点王、古早弄堂、万利记等。

看到这个主题，很多人都非常开心。一下班，很多男士就带着自己的女朋友过来品尝美食；宝妈们抱着自己的孩子排队；勤俭节约的大妈们也来凑热闹。

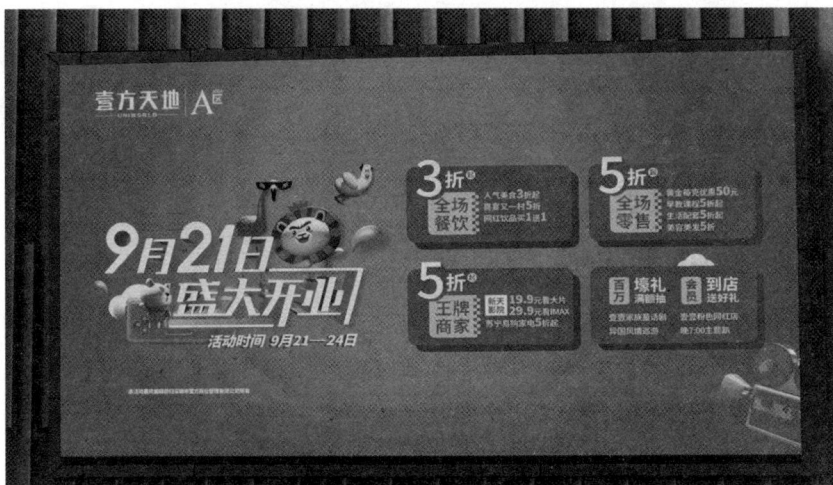

图 2-8　主题一：全场餐饮 3 折起

◆ **主题二：全场零售 5 折起**

黄金每克优惠 50 元。

早教课程 5 折起。

生活配套 5 折起。

美容美发 5 折。

王牌商家 5 折起。

新天影院 19.9 元看大片。

29.9 元看 IMAX。

乐购超市全场满 88 元送 20 元。

苏宁易购全场家电 5 折起。

◆ **主题三：壹壹家族童话剧，萌趣上演**

六位 UNIPLAY 卡通明星，穿越生活任意门，带来了萌动全城的童话剧表演。

◆ **主题四：异国风情巡游，火辣开 Show**

邀请近百位国际艺人在现场表演节目。

晚上在露天广场举办了一场音乐晚会，演员一边表演，一边发送定制礼品。

第一日电音狂欢节、第二日潮流嘻哈节、第三日爵士音乐节、第四日民谣音乐节。

◆ **主题五：浪漫爱情角，为情侣拍照**

专业的摄影师为想要拍照留念的情侣们拍照留念。

◆ **主题六：百万豪礼满额抽（见图 2-9）**

会员当日单笔消费满 268 元可参与抽奖 1 次，100%中奖，奖品包括华为 MateBook、国际名品手袋、古德菲力健身年卡、JBL 蓝牙音箱等，吸引了众人排队抽奖。

图 2-9　主题六：百万豪礼满额抽

◆ **主题七：整点 0 门槛摇大奖**

每天 12:00、15:00、17:00，扫描二维码进入游戏后台，免费参与摇一摇活动，赢取千元现金，或壹方天地消费卡、定制礼盒公仔、JBL 蓝牙音箱、定制帽子等丰富礼品。

◆ **主题八：会员到店送好礼（见图 2-10）**

注册会员即可免费领取到店礼品一份，消费还可享 10 倍积分，奖品有食用油 900mL、大米 2.5kg、定制手帕纸等。

图 2-10 主题八：会员到店送好礼

◆ **主题九：海量礼券任性送**

现场扫码或关注壹方天地微信公众号，进入活动页面，每人每日可免费领取商家礼券 5 张，在规定时间内在对应商户使用，让客户任性买，尽情吃！

◆ **主题十：壹壹家族童话剧和 IP 发售（见图 2-11）**

卡通形象现场呈现、IP 超 Q 限量发售。

有的人可能会说，这样的大型活动肯定要花费比较高的成本，是不是值得？

图 2-11 主题十：壹壹家族话剧和 IP 发售

没错，这是一个大型的开业庆典，现场仅邀请的网红就有 40 位左右，外模也有将近 50 位，保安有 200 位，的确耗资不菲。但方案的内容足够充实，足以让这个开业庆典成为轰动一时的活动。在开业以后，壹方天地立即火爆起来，把周边的商场都比下去了。没过多久，周边的商场也做了促销活动，但都没有取得很好的效果。

很多客户逐渐从周边的商场转移到壹方天地购物。前面我们讲过，营销的至高境界是做足势能，有了势能，客户会像流水一样涌进来；没有势能，客户只能一个个流失掉。

与一次性引来大量的客户相比，高成本又算得了什么呢？

规模如此大的商场当然可以做大型活动。很多人可能会想，如果我现在开了一家 50 平方米的美容店，或者我只是一家小公司的市场运营专员，又或者我仅仅在网上卖一个产品，那么肯定做不了这样的大型活动。

没错，很多公司不需要做大型活动，但如果你了解了做大型活动的技巧，那么在做小型活动时就会更有把握。正所谓知道得越多，操作起来越得心应手。

假设你要为一个产品做营销方案，不妨参照以下步骤。

◆ **第一个步骤：分析产品的消费人群**

消费人群的职业、年龄、价值观、消费观；他们在什么场景下消费，是办公室、家里、电影院，还是地铁上，至少要将他们的触点轨迹了解清楚。

◆ **第二个步骤：写出一个吸引人的主题**

一个好的方案只有一个主题，聚焦所有的传播力量去宣传这个主题。例如，经营一家理发店，可以写"三周年店庆，充值 300 元首次理发免单"；经营一家饭店，可以写"新店开业，前三天 5 折优惠"等。

◆ **第三个步骤：明确在哪里发布信息**

发布渠道一定要与消费人群的触点相匹配，这样可以保证信息的触达，促进转化。如果为一家 20 万平方米的商场做营销方案，就可以选择公交广告、自媒体、电台等渠道；如果为一家 200 平方米的餐馆做营销方案，就可以选择附近 1 公里内的媒体。

◆ **第四个步骤：考虑能不能做一些活动**

做的这些活动可以是开一个沙龙、做一个分享会、举办一场亲子活动、组织一场线下聚会、开一场红酒品鉴会等。有的人可能会说，我做过类似的活动，但效果不太理想。还是我前面说的那样，如果要烧水，就必须烧到 100℃。一个客户参加 3 次活动，就会成为忠诚的客户。只有把势能做足，把内容做到足够丰富，影响力才能逐渐增长。

把内容写扎实，具体有什么内容呢？大概包括 3 个要点。

1．具体执行的措施要写出来。例如，做社群宣传就是一个具体的措施；门店要围绕周边 1 公里做宣传也是具体的措施。

2．执行措施的内容要写出来。例如，要做社群宣传，具体可能有几个部分，包括如何吸引客户、如何与客户对话、在社群内发什么内容，什么时间发、社群的节日活动如何做等，这些部分都要用文档写出来，形成文字或设计稿，做成海报。

3．执行的时间、地点、人物要写出来。事情由谁来执行，谁最适合做这件事情。方案的大部分效果是通过执行获得的。有时，即使创意不是特别好，也可以获得很好的效果，这就需要把执行的时间、地点、人物等写清楚。

本节的核心概念是什么?

本节的案例都用了哪些方法?

你学习本节的收获是什么?

你以前的方案内容是否足够丰富?

假如你写一个方案,如何写出创意?

请你尝试为自己的产品写一个方案。

✛ 方案演讲：

世界 500 强公司拿下百万元订单的投标演讲术

沟通是坐下来慢慢聊，演讲是拿着方案在公开的场合进行讲解。演讲更像一场表演，所以"演"字在前，"讲"字在后。想象一下，你站在会议室前方，下面坐着几十个客户，有些客户还是世界 500 强公司的领导，手上都握着 10 亿元以上资金。此时，你如何讲好你的方案才能拿下这个价值 100 万元乃至 1000 万元的订单呢？

演讲关系到你的方案是否能够获得客户认可，也关系到你的方案能否从 7 分成功越过 8 分。你有可能在公司内部演讲，也有可能在客户的办公室里演讲。对于做演讲的人来说，投标演讲尤其重要。方案的演讲不是公众的演讲，所以，即使没有很好的口才、没有很强的煽情能力的人，也同样可以做好。

我从小就是性格非常内向的人，很少在公众场合讲话，但很多和我一起投过标的人都非常惊讶，觉得那时的我和生活中完全不一样。

我认为演讲的第一个心法是，"只有你敢讲，客户才敢信"。

在演讲时，你千万不要紧张。从写方案的那一刻开始，你就要不断给自己的内心聚集能量。你要告诉自己，虽然客户身居高位，手握重金，但自己很专业，必须用自己的方案征服这些很厉害的人。

当你在台上慷慨激昂地讲时，客户一看你对自己的方案如此有信心，接受方案的可能性就会提升 500%。这一点都不夸张。退一步讲，即使最后他们没有接受你的方案，也只会认为这个方案不适合他们，或者他们没有资格执行这么好的方案，而不会迁怒你。

第二个心法是，要呈现结果，而不仅仅是告诉客户应该怎么做。

很多人在方案演讲上犯了一个巨大的错误，就是告诉客户应该如何做、需要注意哪些细节等。这些问题应该是在执行时沟通的。在演讲现场，你要告诉客户一个明确的结果。

你要不断强调，这个方案能给他们带来什么好处，提升多少销售额，翻几倍业绩。你可以这样说："这次的方案是爆款策略。我曾经用爆款策略帮助一家公司将销售额提升到 3 亿元，也让整体利润率提升了 5.8%。"这就是结果的展示，有理有据。

你还可以这样说："这次方案应该采用细分领域切入策略。我曾经帮助一家亏损 3 年的家装公司从家装的红海市场转为阳台装修的细分领域。后来，这家公司很快扭亏为盈，目前已经成为阳台装修领域排第一名的公司。"

客户在听演讲时，只会记住自己想要的好处。你要让好的场景、好的结果在客户的脑海里生根发芽。在演讲现场，客户记不住太多内容，所以你一定要想办法让其记住结果。

那么，如何开始演讲呢？我将其分为两个阶段。

◆ 第一阶段：准备阶段

准备 4 件东西：服装、电脑、U 盘、备忘录。

假如明天上午 10 点，你要在客户的办公室里演讲，那么今天晚上你就要准备商务服装——让自己看起来干练、专业。你还需要准备好电脑和 U 盘，因为客户的投影仪不一定适合你的电脑，所以一旦你的电脑无法连接客户的投影仪，就可以请客户提供电脑，你只需要拿出 U 盘插入就可以演讲了。备忘录就是演讲的大纲。你要用本子把演讲的大纲记录下来放在电脑旁边，一旦你忘记了演讲内容就可以随时参考和查阅。

如果是上午 10 点开始演讲，那么你应该在 9:30 之前到达客户的办公室，以确保有时间做准备工作。你先查看客户的办公室，把电脑连接到投影仪上。在正式演讲前，你一定要全屏浏览一下方案，并站远一点儿看一下是不是清晰。这样可以保证坐在最后一排的客户也能看清楚。如果有必要，你还要考虑是不是应该关闭一些电灯。

我有一次去演讲，发现灯光很亮，方案里面的黄色字体看起来很模糊，所以我就马上修改，用了几分钟的时间，把黄色字体全部调整成黑色字体。

◆ 第二阶段：演讲阶段

演讲阶段可以分为 4 个步骤。

第一个步骤：自我介绍。

这个步骤不要忘记。我会说："各位领导，大家好，我是 A 公司的咨询总监王一九，各位可能知道我司以前和贵公司合作过几个项目……"

自我介绍的目的是让别人知道你是谁，你是哪家公司的，你曾经做过什么等。到场的人员并不一定都了解你和你的公司。而你是代表公司去演讲的，因此，自我介绍还要让所有人都知道你的公司能够做哪些事情、有哪些成功的案例。

第二个步骤：方案概述。

你可以说："今天这个方案是一个关于贵公司健康餐的促销方案，通过这个促销方案，希望可以达到销售额提升 100 万元的目标。这个目标虽然很难达到，但通过三个策略，相信在我们的共同努力下，一定能够取得很好的成绩。"

在做方案的演讲时，如果不进行概述，客户心里就没底，不知道你要讲多少内容，也不知道你的方案要达到什么目的，这样就很难集中精力听你演讲。概述是一个引导，就是让客户知道你要讲多少内容、最终达到什么结果。你要让客户的思维跟着你走，逐渐被你带入情境中，然后想象美好的结果。

第三个步骤：内容讲解。

你要讲明白方案是怎么写出来的，不过不要按照方案原本的内容讲，要增加为什么要这样做和你做过的成功案例。

以促销方案为例，你可以这样讲："这次促销我采用的推广策略是社群推广，因为社群推广可以让老客户介绍新客户。如果把社群推广的制度设置好，通过老客户的不断裂变，贵公司就可以增加 5 倍新客户。在妇女节期间，我给一个健身房做过社群推广，结果 1 天就增加了 2000 多个新粉丝，销售额达到 20 多万元。"

第四个步骤：道具使用。

我用一个案例讲述这个步骤。

案例+

一次使用道具的投标演讲，让客户立即兴奋起来

曾经有一次，我给一家健康食品公司做方案，这家健康食品公司和很多饭店有合作，在饭店内销售健康餐。在演讲的过程中，我使用了道具。

我当时这样说："因为贵公司已经与 100 多家饭店合作，这次促销活动中的一个策略是通过饭店的情景展示，与饭店联合销售产品。如果客户订购 3 盒健康餐，就赠送给客户一个菜，由贵公司替客户出这个菜的钱。这样既有利于销售健康餐，又有利于饭店做促销。

"那么，如何做情景展示呢？在饭店的门口设置一个情景展示台，布置成农家秋收的样子。展示台上放置玉米、红薯、高粱、豌豆，再加上农家小院的海报，以及贵公司的健康餐。展示台只需要 1 米宽，摆放在饭店的门口，非常吸引人，相信很多饭店的老板都会非常喜欢。展示台到底该是什么样子呢？有请我的两位同事把展示台搬上来。"

我为客户设计了一个展示台，而且已经把这个展示台做了出来，搬到现场给客户看。客户不仅可以非常直观地感受到展示台的好，还会觉得我做事非常用心。这就是现场讲解使用道具的方法，是一个非常不错的加分项。

我曾经在投标现场多次使用道具，效果非常好。例如，直接把设计好的海报印出来，拿到投标现场；把设计好的名片打印出来给每个客户发一张；把印制好的台历拿到投标现场；把展会设计图放大，用画板在投标现场展示。

还有一次，要做一个汽车展览活动，我在讲方案时说道："各位领导，我请了一个非常好的车模，她的气质十分符合贵公司的品牌形象，而且还能用情景剧的方式表演节目。今天，这位模特也和我一起来到了现场，就坐在这个会议室里。下面有请她和大家打个招呼。"

然后，这个车模就起身和大家打招呼："你们好，我是×××的模特，王一九老师和我说贵公司要做一个汽车展览活动。我昨天去 4S 店内试了贵公司的汽车，我非常喜欢，我已经想好了如何去演绎贵公司的汽车。"

由此可见，我们不仅可以把物体搬到现场，还可以把人请到现场，来帮助客户增加信心。很多人演讲不成功，不是因为方案不够好，而是因为展示得不好，客户没有从展示的过程中获得信心。很多人认为，方案讲解是告诉客户怎么做。其实，方案讲解是告诉客户他能得到什么结果。通过成功的案例、逼真的道具不断地增加客户的信心，就可以达到很好的效果。

如果你要演讲一个健康餐促销方案，就要不断强调可以提升 100 万元的销售额、增加 5 倍的新客户；如果你要演讲一个美容店开业庆典方案，就要不断强调可以吸引 1000 个潜在客户、在开业当天可以获得 30 万元的利润；如果你要演讲一个婚礼方案，就要不断强调可以让女孩成为最美的新娘，到场的女嘉宾都羡慕她等。

我这里所说的告诉客户所能得到的结果，一定是你的方案能够帮助客户做到这个结果。你描绘结果给客户看，是为了让客户接受你的方案，但你不能夸大其词，欺骗客户，这是一种职业原则。

实用小贴士 ╋

1．第一个心法是"只有你敢讲，客户才敢用"。

2．第二个心法是"要呈现结果，而不仅仅是告诉客户应该怎么做"。

本节的核心概念是什么？

_____

方案演讲有哪 4 个步骤？

_____

你学习本节的收获是什么？

_____

本节互动

你在工作中是如何演讲的？

_____

请你回想一个曾做过的最糟糕的演讲。

_____

你看过别人是如何演讲的吗？

_____

✛ 落地执行：

抓住活动亮点，让客户一年后还记忆犹新

你想一下自己曾经做过的一场活动，假如自己是来参加这场活动的人，那么有哪些精彩之处是令你至今难忘的？有哪些细节是你想要和朋友一起分享的？在现场，你的情绪有被调动起来吗？在哪个环节你被感动了？哪个环节激励了你？

如果你做了一个产品发布会，自己都没有好的感受，那么客户肯定也不会有好的感受。这样的活动最多只能获得人们的开心一笑，对品牌调性的传达几乎不会有太大的作用。但如果客户被活动中的一个细节打动了，而且一年以后仍然记得，还在津津有味地和自己的朋友说，那么这个活动的效果就相当于原本的 365 倍。

近两年，捷豹汽车的品牌活动深深打动了我。他们在上海做了一个半球形的舞台，让车手驾车在这个舞台上飞速转圈。试想一下，这辆车的功能是不是特别好？

第二年，他们又做了一场活动，设置了一个过山车式的跑道，即一个竖立起来的圆形的跑道。如果车手在这个跑道上驾车，就意味着车要在空中翻个跟头。对于这种开车的方式，我只在游戏里面见到过，感觉特别惊险。所

有看过这场活动的人都为车手捏了一把汗。要知道，万一车的功能出了一点问题，车手很可能就有生命危险。

但这场活动成功了，捷豹 SUV 汽车真的在空中翻了个跟头。这场活动对品牌调性的传播是具有穿透性的。很多人不仅自己看，还说给朋友听。我也把这场活动当成案例来说，要知道，我的课程有数万人订阅——如果捷豹要做数万人的广告可是需要一大笔钱。这就是好活动带来的效果。

近两年，捷豹 SUV 汽车的销量非常好，我认为和这场活动有很大关系。可以说，这场活动抵得上 100 场普通活动的效果。如果你是这场活动的策划人，即使提出月薪 5 万元的要求，很多公司也会愿意给。即使这些公司不愿意给，猎头公司也不会错过你。

我们来分析一下，这场活动执行的要点是什么？是亮点。

我们看《奇葩说》，最让我们关注的是他们说了什么奇葩的观点；我们《看吐槽大会》，最让我们关注的是他们吐出了什么样的槽点。当听到引人拍案叫绝的观点和槽点时，我们会惊呼："他们居然能想出这么绝妙的主意！"

可见，优秀活动执行的一个要点，就是要有亮点。亮点可以让观众留下深刻的记忆，让他们愿意去跟朋友说，愿意发朋友圈分享。

有一年，我策划了一场公司的年会，做了以下三件事情：

第一件是给每个员工的家长邮寄一封感谢信；

第二件是去 10 个优秀员工家里采访他们的父母，并拍成视频在现场播放；

第三件是邀请一个优秀员工的父母到现场，在颁奖时请他的父母突然出现。

感谢信十分感人，采访视频也很感人，悄悄邀请父母到现场更是让很多员工直接激动哭了。这样一来，员工会更愿意努力工作。即使到现在，也还有很多员工记得那场年会。当时参与年会的还有客户、供应商，他们也被感动了，纷纷表示十分愿意和公司合作。至于当天喝了什么酒、吃了什么菜、表演过什么节目，大家都不记得了，甚至连我也都不记得了。

所以，现场执行一定要抓住亮点。其他的事情没有那么重要，就像在后台的一些事情，客户根本看不到，也不关注。

现在想一下，你过去所做的活动，有哪些是非常能够打动人的？有哪些是你至今记忆犹新的？

假如你出席一个活动，回去之后你女朋友或男朋友问你："今天的活动怎么样？"

你的回答是："还可以，好像是一个产品活动，具体我也记不清了，反正就是去吃顿饭。"

这样的活动是不是太失败了？参与者连名字都没记住，只记得吃过饭——公司的钱真的是白花了。

本节的核心概念是什么？

_____

哪些方法可以让活动更有亮点？

_____

你学习本节的收获是什么？

_____

你在策划方案时，是如何写出亮点的？

_____

你是如何保证亮点执行的？

_____

你下次将如何处理活动亮点？

_____

＋ 规避风险：

一定要避免万劫不复的 3 个 "大坑"

　　风险是每场活动都应该注意的地方。一旦陷进某些风险，就会让公司亏钱，甚至会让公司倒闭。

案例＋

一场陷入两个 "大坑" 的盛大庆典如何化险为夷

　　我曾经做过一个出现了重大失误的庆典活动，差点让客户损失几十万元，而且还有可能被客户起诉。那是一场世界 500 强公司的分公司的庆典活动，客户非常重视，还特别邀请了副市长、文宣部的领导，以及公司的一些重要客户出席。

　　因为时间紧迫，我提前在市民广场搭建舞台，希望让这个庆典更热闹、更吸引人。我在现场设置了 5 个游戏区域，有跳绳区域、踢毽子区域、乒乓球区域、扔飞镖区域、投篮球区域。在庆典结束后，广场上所有的人都可以参与游戏，赢了的人可以获得奖品。

上午 10 点，庆典正式开始。我没想到的是，当表演到第二个节目，所有的演员在舞台上已经准备就绪后，音响不响了。音响不响就等于节目进行不下去了，这是不是太惊险了？万一这个庆典无法进行下去，客户将丢尽脸面。这个庆典花费了几十万元，一旦庆典进行不下去，客户不仅不会付钱，还有可能起诉我们公司。

我当时非常着急，便让主持人在舞台上随意说些什么，但主持人也说不了太久，而且没有音响，后面的人也听不到。音响师也非常着急，赶紧修理音响。结果 3 分钟过去了，音响还没有被修好。舞蹈演员在舞台上也要撑不住了，毕竟他们不是"雕塑"。

很多人开始坐不住了，于是我又让主持人介绍了一下客户的业务，但坐在后面的人肯定什么也听不见，好在坐在第一排的领导能够听见。大约过了5 分钟，音响突然响起，我那颗悬着的心终于落地了。所幸，其他环节进行得比较顺利，节目又欢快又热闹。

等到节目表演结束以后，就开始进入游戏环节。因为有礼品赠送，所以很多人都排队参与这个环节。不过，游戏刚刚开展不到半个小时就开始下雨了。幸好雨下得不大，再加上有奖品的刺激，游戏环节虽有瑕疵但也算圆满完成。

最后，公司的总经理跟我说，庆典做得很好，游戏开展得也很棒，是一次重大的创新。

就连市里的领导也说庆典非常有创意，给市民增添了很多乐趣。

为什么总经理会满意呢？因为当音响坏掉时，他正在和旁边的人聊天；

当突然下雨时,他陪市里的领导坐车离开了,并不知道下雨了。因此,这个庆典给他留下的整体印象非常好。但其实我自己心里知道,这个庆典真的是有惊无险。

活动现场一般会出现以下几个风险。

◆ **第一个风险是音响舞美**

音响是指主音箱、调音台、麦克风;舞美包括照明灯、闪光灯、大屏幕、烟火、喷雾剂等。在音响舞美中,最重要的就是主音箱和大屏幕,因为其他的设备即使全都坏掉,客户也很难知道,只不过现场的效果没有那么好而已。

应该如何防范呢?提前3个小时把主音箱和大屏幕调试好,把电源保护好。如果是大型活动,就多准备一套音响,确保万无一失。

◆ **第二个风险是安全问题**

这个风险比第一个风险更严重。想象一下,如果在一场大型活动中出现舞台塌陷、人员踩伤、失火等现象,将会有多么严重的后果。这些现象都是有前车之鉴的。活动现场的安全问题是重中之重,必须高度重视。

如何防范安全问题呢?

(1)活动现场要分区域管理,每100个人分一个区域,由一个保安管理。如果这个区域出现混乱,其他区域的人都不准随意行动。这样一般不会出现大问题。

（2）在进场和出场时要排队，由保安紧紧盯住进出口，一旦有人跌倒，就立即拦下后面的人。

（3）安排一些医护人员到活动现场。

（4）做好提醒，写标语，如"禁止抽烟""请大家放慢脚步""不要拥挤，听从保安指挥""排队入场，排队出场""小心地滑"等。标语一定不能少，因为就算出了事情，在法律层面有标语和没标语的判定结果完全不同。

公司内部会议、年会、演讲、听课、论坛等活动通常不会出现安全问题。这种风险比较容易出现在歌友会、演唱会、篝火晚会等活动上。但只要预防好，这种风险是可以避免的。

◆ **第三个风险是嘉宾邀请**

假设你要做一场论坛，邀请一个嘉宾，结果他突然告诉你不来了，或者突然告诉你飞机晚点了、路上堵车了。你是不是特别无助？

为什么有些嘉宾会耽误时间呢？因为他们可能无法体会到你做一场活动的重要性，也不知道一旦自己不能出席将给你带来什么样的损失。

所以，你必须提前和嘉宾说明活动的重要性，最好能签订一份协议，如果他晚点出席或不能出席将承担活动的所有损失。这样的协议对你来说是一个保障。

此外，你要了解嘉宾的行程，包括他坐哪一班飞机、什么时候出发，以及从机场到活动现场会不会堵车、大概需要多长时间等。安排好嘉宾的行程，有利于做到万无一失。

本节的核心概念是什么？

_____

活动的风险有哪几个？

_____

你学习本节的收获是什么？

_____

你以前遇到过活动风险吗？

_____

你是怎么解决你遇到的风险的？

_____

写方案时，你如何写风险措施？

_____

第 3 章

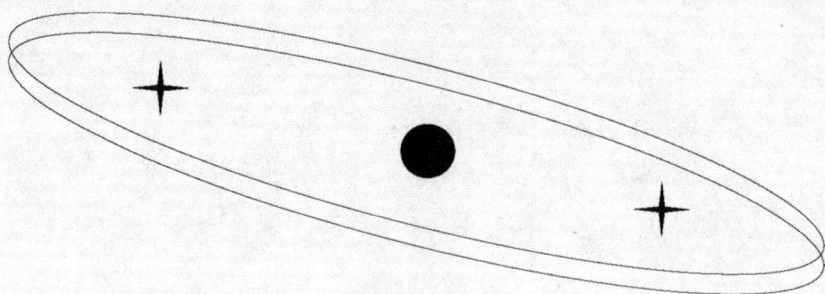

进阶技能篇：
方案高手必备的六大技能

✛ 前期沟通：

彻底了解客户真实想法

　　你也许会发现，在谈生意时，对方不会把话都说出来，而是让你猜。有时，对方要表达的根本不是他说的那些话，如果你按照他说的做，那么最后可能做不出他想要的方案。实际上，在工作和生活中，这种情况也经常会出现。

　　例如，你的女朋友和你说："不要理我，你走吧。"其实她要表达的意思是：快来哄我，把我哄好了，我们就可以开开心心地吃饭了。她为什么要这么说呢？因为她想证明你非常爱她，即使她让你走，你也不走，还是很关心她。

　　由此可见，人们内心真正的需求往往不通过语言表达出来，甚至表达出来的是相反的意思。你的女朋友想要证明你非常爱她，结果说出很多与自己想法相反的话，甚至连她都不知道自己为什么要这么说。但从表面上来看，你只要哄哄她就好了。

　　我们在和同事沟通时，往往也存在这样的问题。

　　例如，你的老板把你叫到办公室说："小刘，我们下个月要做一个广告，你去做方案，选一些主流媒体出来。"

你可能会问："老板，我们做这个广告准备花多少钱？"

老板会跟你说："你决定，不过广告要做到尽人皆知，只要效果好，多花些钱也无所谓。"

老板表达的是真实的想法吗？公司真的愿意多花些钱吗？不一定。所以，经常有方案被拒绝，可能就是因为预算问题。

我把需求分为3个层次。

第一个层次是显性需求，就是对方直接表达出来的需求。例如，老板让你做一个节日促销方案/媒体发布方案/融资方案。

第二个层次是隐性需求，就是你稍做分析就能知道的需求。例如，老板让你做一个节日促销方案，经过分析之后，你发现老板最近资金紧张，他想通过促销尽快回笼资金。

第三个层次是背后需求。这个需求隐藏得比较深，有时不方便说出来，有时不好意思说出来。例如，老板让你做一个节日促销方案，也许是想尽快把产品销售完，就关闭公司，转行做别的事情，因为别的事情可能赚钱更容易。这时，如果你坚持通过促销提升品牌形象，那么老板肯定不太愿意。他的背后需求是尽快把产品销售完，尽快转行，但这个需求是不方便跟员工讲的。因为老板担心一旦讲了，员工就会离职，团队就会解散。如果你发现老板让你做促销，那你就大胆地做促销，尽快处理产品，然后开始新的项目。也许你跟着老板能获得更好的收益。

最近我们公司接到一个项目，是帮一个电子行业的老板做营销策划。这个老板原来主要做外贸，一年可以有20亿元的销售额。但国内市场一直不太景气，他就请我们公司给出一套品牌方案。双方约定的服务费用是350万元/年。

通过分析国内市场，我们做出了一套如何在国内做品牌的方案，虽经过三番五次修改，但老板就是不满意，坚持要做更详细的市场调研。这真是让我们百思不得其解，明明只要按照我们的方案坚持去做，就很容易在国内打开市场。

后来我们了解到，这个老板有两个员工，跟着他已经 18 年了。这两个员工分别掌握着两款不同电子器材的工厂，他们不愿意在国内做品牌，不支持老板在国内投入大量资金。而老板则想通过充足的数据，让我们在讲方案时帮助他说服两个员工。

后来我才明白，其实这个老板花 350 万元，最想要的是让我们去说服他的两个员工，而我们却一直在做方案。

那两个员工为什么不支持老板呢？因为他们关系不融洽，都希望卖自己工厂的产品。而且他们在公司占的股份不多，如果做国内市场，需要投入大量的资金，而当品牌做起来之后，他们又不是大股东，所以希望通过外贸快速赚钱，而不是做品牌。

当了解了背后的原因之后，我们就知道这不仅仅是营销的问题，更是股份的问题。后来我们就建议老板，约上两个员工一起坐下来好好聊聊股份和品牌发展的问题。老板应该先把公司的内部矛盾解决了，再解决品牌与营销的问题。后来，他们谈妥了利益分配问题，我们的方案也就好做了。

在和客户沟通时，你不要仅停留在表面，而要进一步思考客户到底想要达到什么目的、担忧什么问题，要想尽办法发掘背后的原因。

本节的核心概念是什么？

_____

需求的三个层次是什么？

_____

你学习本节的收获是什么？

_____

你以前是否跳过沟通的"大坑"？

_____

你以前在与人沟通时注意过深层次的需求吗？

_____

你会怎么发现他人的隐性需求？

_____

✛ 3C 分析法：

让你通透分析竞争对手、客户和自身

前面说过，写方案的第一部分是分析。有很多人在写第一部分时不知道如何分析，想到哪里就写哪里，这样往往会不全面，而且会给客户不够专业的感觉。

3C 分析法是营销咨询的一种专业分析法。我曾经在给中国移动、青岛啤酒、火芯网、招商银行等公司提供服务时，都采用了 3C 分析法。不管是规模多么大的公司，还是规模多么小的公司，用的方法其实是一样的。

与 3C 分析法息息相关的是 3C 模型。3C 模型不仅是一套分析工具，还是制定营销战略、公司战略的工具。

通过 3C 分析法可以知道，我们没有必要在各个功能领域都占据领先优势，而只需要在某一个核心功能领域拥有决定性优势。在这种情况下，其他功能领域即使比较平庸，最终也将因核心功能领域的优势而获得提升。

3C 分析法不仅可以用在营销上，也可以用在个人身上，找到自己的核心竞争优势。

那么 3C 分析法如何使用呢？可以分为三个方面。

◆ 第一个方面：对竞争对手的分析

我们通常把位列行业前 3 名的公司作为参照对象；再把同等价位、同等品质的产品写出来进行对比；最后对具有直接竞争关系的 3 个品牌做详细分析，掌握这 3 个品牌的产品、价格、服务、包装、品牌等情况。

我们对一款奶茶进行分析：国内前 3 名的奶茶品牌是行业的标杆，树立了行业的标准，形成了强大的品牌效应，基本都是年轻人在喝。此外，我们还要考虑其他品牌的奶茶，然后围绕城市的综合广场布局进行分析，了解整个行业的竞争现状。

◆ 第二个方面：对客户的分析

要详细到客户的年龄、性别、产品使用场景等。例如，一款时尚奶茶的客户可以是 18 岁到 30 岁的女性；她们希望坐下来与朋友聊天、休闲，享受的是一种轻松、愉悦的年轻化生活，是一种青春的格调和浪漫的情怀；她们的生活需要一些甜甜的奶茶装点，价格在 15 元到 25 元之间。通过这样的分析，我们就能知道客户是一种什么状态、内心的需求是什么。

在对客户进行分析时，不仅要描述基本情况，如年龄、性别、收入、职业等，还要描述使用场景和使用心情。

◆ **第三个方面：对公司自身的分析**

对自己公司的产品做深度分析，如产品的功能、价值、包装、品牌影响力、服务等。还以奶茶为例，我们的奶茶是用大红袍茶叶和奶昔做的，口味非常清淡而高雅，由于大红袍茶叶生长在山里，所以奶茶具有清雅的岩石的气息，能让喝过的人有一种去了一趟武夷山的感觉。

我们的奶茶的包装不同于其他奶茶，具有一种高雅的风格，特别适合都市的高级白领。店面也装修得十分高雅、别致，客户可以享受到前所未有的品质感，以及自信与优越感。这是与大多数小清新的奶茶的不同之处。我们的奶茶定价在 28 元到 35 元之间。

如果是一款奶茶，我们可以这样分析。如果是对自己进行分析，也可以用这种方法。

假设你是一个设计师，可以通过人才网了解情况。

竞争对手：其他设计师具备哪些技能；国内顶尖的设计师都在做什么。

客户：现在的公司需要什么样的设计师，除了技能还需要什么职业素养。

自身：你自己具备了什么样的设计水平？你和顶尖的设计师相比有哪些差距？你和身边的设计师相比有哪些差距？有哪些技能是你特别擅长的？

本节的核心概念是什么?

_____

3C 分析法的三个维度是什么?

_____

你学习本节的收获是什么?

_____

你以前是如何做分析的?

_____

请你用 3C 分析法分析一下你们公司的产品。

_____

请你用 3C 分析法分析一下自己。

_____

＋ 金字塔原理：

让方案说服力增强 3 倍

什么是金字塔原理？为什么要用金字塔原理？

下面来举两个例子。

员工 A 向老板报告说："王总来电话说他明天上午 10 点钟不能参加会议；孙总说他不介意晚一点开会，把会议放到明天下午也可以，但 4 点以后不行；唐总的秘书说，唐总明天上午要晚一点才能从外地回来；会议室明天上午已经有人预定了，但明天下午还没有人预定，会议定在后天更合适。"

员工 B 向老板汇报说："我们可以将会议定在明天下午 3 点钟吗？这样王总和唐总都能准时参加。因为其他时间他们不是很方便，而且明天上午的会议室也被别人预定了。"

第一个例子中的员工 A 说了那么多话，结果不知道他想表达什么；第二个例子使用了金字塔原理，在员工 B 说第一句话时就知道他要表达的是会议定在明天下午 3 点。

写方案时，如果你写了 3 页纸的方案但别人不知道在讲什么，那么客户是没办法看下去的。

金字塔原理有两种重要的方法，第一种是归纳法，就是把一个论点用几个论据说明。

你去看了一个电视剧《三国演义》，觉得关羽很厉害，然后你的朋友问你"关羽有什么厉害的地方"。你可以跟他说，第一，关羽的武功高强，取上将首级犹如探囊取物；第二，关羽的性格很好，忠肝义胆，和刘备情谊深重，即便曹操用高官厚禄收买他，他也不动摇；第三，在三国中，即使关羽的敌人，也非常敬佩他——他死后，孙权还为他哀悼。

这就是归纳法，论点是关羽是一个很厉害的人，论据是上面所说的这三点。

写方案也可以使用归纳法。例如，你要说明一个产品是绿色环保产品，那就可以这样写：第一，产品是有机农场生产的；第二，产品获得了 ISO 认证；第三，产品没有添加任何防腐剂。

如果想把一个餐馆做成文艺餐馆，那么也可以给出三个理由：第一，餐馆的装修很有文艺气息；第二，餐馆内有一些适合年轻人阅读的文艺类书籍；第三，餐馆出品的菜都非常精致，深受文艺青年的喜爱。如果把归纳法总结为一个公式，应该是结论=理由1+理由2+理由3+……。这个方法虽然很简单，但能有效增强方案说服力。

前段时间，有个学员给我发了一个消息："王老师，我已经30多岁了，工作了近10年，现在还是一事无成。我拿的工资不高也不低，想跳槽找一个工资更高的工作。我在这家公司没有晋升的空间，自己又没有特长，应该怎么办呢？"

我跟他说："所有在职场上能够不断晋升、拿到高工资的人，都有明确的定位。你现在没有特长，所以你需要先找到自己的特长，给自己进行明确的定位，把自己的价值挖掘出来，这样才能拿到更高的工资。"

金字塔原理的另一种方法是演绎法。我们来拆解一下上面这段话：大的前提是职场上能够不断晋升的人都有明确的定位；小的前提是他现在没有自己的特长和定位；结论是他应该找到自己的特长，明确自己的定位。

演绎法可以用到方案的推理过程中。例如，某公司要开一家店，前提是能赚钱的店都开在人流量大的地方；结论是应该把店开在商场或者街边，虽然商场和街边的租金比较贵，但人流量大，能够赚更多钱。

如果这家公司要做促销，是选择 5 折优惠还是买 1 送 1 呢？结论是选择买 1 送 1，因为买 1 送 1 可以卖两件产品，如果每件产品赚 10 元，卖两件就赚 20 元。但如果选择 5 折优惠，大部分的客户会选择买 1 件产品，这样就只能赚 10 元。更重要的是，因为买 1 送 1 能多销售产品，所以公司可以向供应商批量下单，这样成本就会降低。

这就是用演绎法去推理为什么要做这件事情。

演绎法是为一个结论给出一套推理的过程，常常用于帮助客户推理一套新的结论、开发一个新的产品、选择一个新的标志等。例如，你建议公司推出一款智能儿童玩具，理由是现在国家出台三孩政策，必将有很多家庭有三个小孩，这样就会有很多家庭需要购买儿童玩具，所以应该推出智能儿童玩具。

演绎法使用起来很简单，即先给出一个结论，然后找出一个大前提，再找出一个小前提，最后得出这个结论。

如果为演绎法总结一个公式，应该是论点=大前提+小前提+结论。

本节的核心概念是什么？

_____

什么是归纳法？

_____

什么是演绎法？

_____

本节互动

你以前使用过这些方法吗？

_____

请你举一个使用归纳法的例子。

_____

请你举一个使用演绎法的例子。

_____

+ 资料搜索术：

"小白"也能做出专业顾问级方案

想找到一些说服人的事实，但手上的资料不足，怎么办呢？很多人一定想到了百度搜索，但通过百度搜索找到专业的资料是非常困难的事情。那么接下来，我们就谈谈如何搜索到专业顾问级别的资料。

首先要知道需要搜索哪些资料，搜索那些资料有什么用。

前面讲过了 3C 分析法。要做好一个营销方案、卖好一个产品、做好一个品牌，都要用到 3C 分析法，即分析分析竞争对手、客户、公司自身。而竞争对手和客户的资料就是需要搜索的资料。

假如你想开养生馆，做一个养生连锁品牌，那么首先要搜索客户的数据，包括养生市场有多大的份额？去养生馆的都是什么样的人？他们的经济状况如何？他们的喜好是什么？养生市场的未来走势好不好？对于这类资料，你可以搜索专业的市场调研报告，报告会告诉你养生行业的规模和基本竞争情况。

分析竞争对手要搜索的资料是，市场上有哪些养生馆？这些养生馆的主营业务是针灸、艾灸、按摩，还是足疗、食疗？排前 10 名的养生馆是哪些，价位怎样，有什么优势和劣势？

这类资料去哪里找呢？可以去百度搜索"养生行业发展报告"，但你输入的关键词要不断更换，如养生行业市场前景、养生行业报告、养生行业市场容量、排前 10 名的养生馆、养生行业发展趋势等。其中，很多报告是要收费的，一般一个报告要收几千元。

遇到这种情况该怎么办呢？你可以在百度文库搜索。百度文库中有很多 word 文档和 PPT 文档，你只需要注册一个账号，就可以搜索了。有些文档你甚至可以直接参考或直接复制，不过有些文档是要收费的。因此，你不妨购买一个 VIP 会员，费用一般是几十元/月，这样就可以轻松找到自己想要的资料了。

如果百度文库中没有合适的资料，那么你可以到豆瓣网搜索。打开豆瓣网的文档，你会发现里面有很详细的分析数据，以及表格、图片等。有的资料你可以直接拿来使用。

还有一种方法是用来搜索趋势的，即通过百度指数进行搜索。你可以直接打开百度指数这个网页，注册一个账号，在搜索框内输入你要搜索的关键词，然后就可以得到整个行业的发展曲线图。在百度指数上，你不仅可以搜索单个关键词，还可以对多个关键词进行对比。

我曾经服务过一家制鞋公司。到底是要以皮鞋为主，是以休闲鞋为主，还是以帆布鞋为主呢？这个问题让我很纠结。于是，我就通过百度指数进行搜索，把"休闲鞋""帆布鞋""皮鞋"三个关键词的搜索结果进行对比，发现帆布鞋是上升最快的，如图 3-1 所示，所以我就选择了以帆布鞋为主。后来，我建议这家公司只生产帆布鞋。

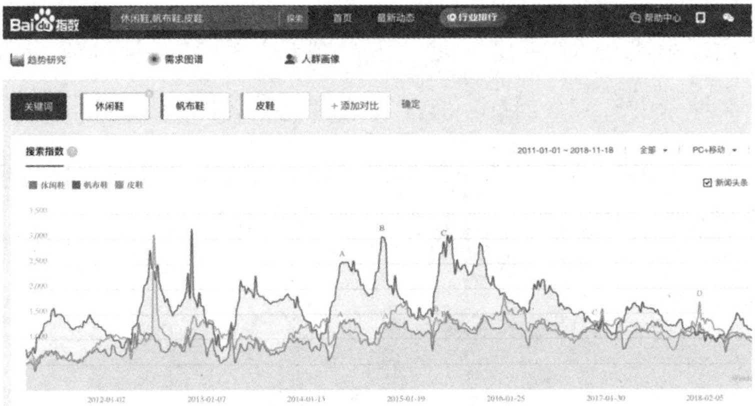

图 3-1　百度指数的搜索结果（帆布鞋上升最快）

不仅如此，百度指数的需求图谱里面会展现出搜索帆布鞋的人还搜索了哪些关键词，如图 3-2 所示。我在以"帆布鞋"为关键词进行搜索时，有一个特别扎眼的话题——看不起穿帆布鞋的男生。我不知道为什么这个话题会有那么多人搜索，但我得出这样一个结论：男生还是尽量少穿帆布鞋。当然，这只是我个人的想法，大家不要太过较真。

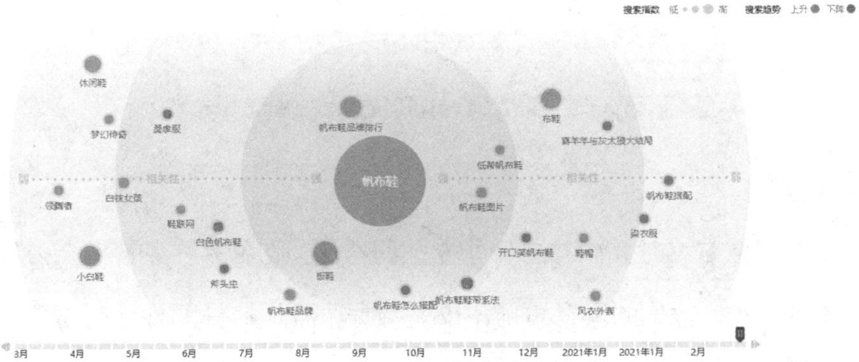

图 3-2　百度指数的需求图谱

百度指数中还有人群画像，通过人群画像，可以知道客户的年龄及所在省份。我在搜索人群画像时，出现了搜索"帆布鞋"的人群的地域分布：广东排第一名，山东排第二名，江苏排第三名，如图3-3所示。但皮鞋就不一样，浙江排第二名。可见，如果想做皮鞋生意，就可以选择去浙江招商，这样会有不错的效果。

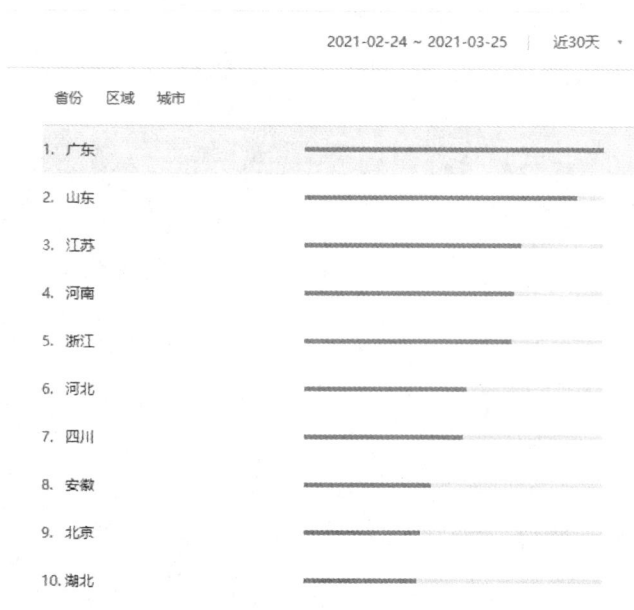

图 3-3　搜索"帆布鞋"的人群的地域分布

很多人做方案时会想知道一些专家的看法。我在做方案时也会去参考业内人士的文章，他们的文章可能不仅是数据，而是其基于对行业的了解做出的分析和判断。

本节的核心概念是什么？

_____

本节讲到了哪些搜索法？

_____

如何应用搜索法？

_____

你以前是如何搜索资料的？

_____

请你尝试搜索一下你所在行业的资料。

_____

请你尝试根据搜索资料做一个曲线图和饼图。

_____

✛ 精彩配图法：

这样配图让客户忍不住多看 3 遍

有一次我去给客户提案。那一次我把方案写得很扎实，我自认为里面的内容也很清楚——我把很多的内容都用文字的方式写到 PPT 里面。但当我跟客户提案时，客户看完了我的方案之后，觉得我的方案很不清晰，而且抓不到重点。

客户跟我说："你回去把方案再改一改。"

我就回去改方案，但觉得非常痛苦，不知道到底应该如何改，因为我已经把方案写得非常全面、非常扎实了。我的领导就跟我说："你可以把 80% 的文字都删掉，配一些图片进去。"

我当时听了觉得很奇怪，为什么要配图片进去？难道一张图片比我这么多的文字要更扎实吗？后来，我还是把方案改了。当我再一次去跟客户提案时，客户觉得方案非常好，逻辑非常清晰。而且修改后的方案也得到了他们总经理的高度认可。

甚至直到两年之后，当我再一次见到这个客户，他仍然跟我说："我当时记得你提了一个方案，那个方案还配了一个叫作'做美国 50 号公路'的图，真是太棒了。"

都已经过去两年了，客户居然还记得我在方案里面配了一个什么图。这到底是什么原因呢？原来，人的大脑分为左脑和右脑，左脑是负责理性思维的，如对文字、数字的判断，而右脑被称为感性大脑，对图像、音乐、空间的感知能力非常强。

我们在生活中用的基本是左脑，进行语言、文字的交流，而右脑则用得比较少。所以，在提案时，如果插入一些图片，客户就会清晰地记住我们讲了什么。如果一个方案做到一百页，内容非常多，那么客户是难以消化的。这时，我们需要配一些图片，让客户能够清晰地在右脑中呈现一个图像，进而觉得方案很好。

根据大脑的不同功能，我们可以用图片的方式展示方案。那么，到底应该如何展示呢？

方案一共有四个部分：分析、策略、规划、执行。大部分配图应该放在分析这个部分。前面已经讲过分析，大家都知道有哪几个方面需要分析，这里不再赘述。

在对客户进行分析时，我们需要写客户的特点，即描述客户到底多大年龄，是男性还是女性，是在逛街、工作还是在学校？当我们用文字对客户进行描述时，会显得很空洞，但如果我们用图像将其展示出来就会特别有场景感。

例如，我们描述学生，可以配一个关于学校的场景图：很多学生在学校的操场上踢球；在描述都市白领女性时，我们可以插入一个她们在商场购物的场景图；我们想做一个健康产品，描述老年人，就可以配一个老年人在小区散步的图，甚至可以配老年人在遛狗，或陪孙子玩耍的图。当我们拿着这样的方案去提案时，客户就会在右脑中明显地呈现出一张图，而这张图是难以忘记的。

如果我们去分析竞争对手，那么更多的是需要呈现竞争对手的产品图。我们可以在网上把竞争对手的产品搜索出来，然后放到我们的 PPT 里面，最好再用一些简单的文字去描述产品的价格、特点、针对的人群，以及促销策略等相关信息。

此外，我们还可以把竞争对手的网站及微信公众号的截图放到我们的方案里面。

以上是对竞争对手的分析，对公司自身的分析也是一样的道理。很多人可能会觉得自己对公司的产品已经非常了解了，不需要用图去展现了。其实有时我们用图将产品的情况展现出来可以对产品有更清晰的了解，也会在自己的右脑中形成一个图像。

而且，虽然自己对产品的情况比较了解，但有的同事，如做人力资源的、做财务的，他们对产品并不了解，甚至有时连老板对产品的某些功能或用途都是不清楚的。

此外，把公司的产品都放到同一张 PPT 里面，我们就会明显地感觉这些产品可能包装是不统一的，可能规格是不统一的，可能色调是乱七八糟的。在这种情况下，我们就能够清楚地看到产品的问题，进而做出合理优化。

有的公司是开连锁店的，我们可以把连锁店的店面图片放到一张 PPT 里面，将其分为几个类型。此时，我们有可能发现很多店面形象是不统一的，很多店面在外部包装及外部展示方面是非常不理想的。这样会有一个很强烈的视觉冲击力，远远要比向老板做语言汇报的效果好很多。

除了在方案中配图，我们在写软文时也是需要配图的。例如，曾经有一个母婴微信公众号的写手和我说，他们公司专门配人去找图，有时为了找一张图可能要花两天的时间，甚至需要出钱购买。

我在前面讲到可以用归纳法和演绎法去推理策略。如果方案中使用了归纳法，就可以写 1、2、3 点，然后把这 3 点分别框起来，打一个箭头，最后得出一个结论，如图 3-4 所示。在归纳法中，通过几点得出结论，并打上箭头，这样在客户的脑子中就会呈现出一个画面：原来通过这几点可以得出这个结论。这样的逻辑图要远远比文字描述更清晰。

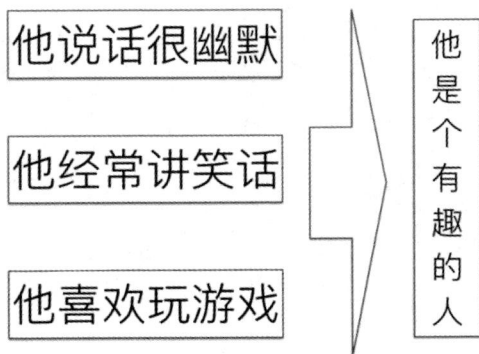

图 3-4　归纳法的逻辑图

而演绎法则是通过逐步推理得出一个结论。对此，应该怎么做呢？我们可以通过这样的方式做推理：写一句话，打一个箭头；再写一句话，再打一个箭头……如图 3-5 所示。

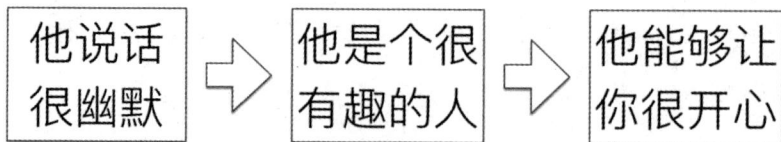

图 3-5　演绎法的逻辑图

在找图时，有一点要特别注意，就是不能侵犯知识产权。

例如，在进行百度搜索时，有些图片上会有"版权"两个字，这些图片不可以随意使用。因为这些图片有版权，可能是一些公司开发的，一旦使用就侵权了。

对于化妆品品牌，其主要客户是都市白领。做方案时，我们不仅仅要分析客户的年龄、收入水平，还要分析客户的生活状态。在配图时，我们可以去找她们听音乐、看电影的场景，或者在商场购物、做瑜伽、做美甲、喝红酒的场景，之后把这些场景制作成图片放进 PPT。

她们的心理状况应该如何描述呢？可以这样描述：她们非常爱美丽，有自己的审美和价值观，有自己的事业追求。这时，我们可以放一些书的图片进去，如一些有名的作家的书的图片等。如果能找到一个人正在读书的图片放进去，就更加直观了。

只要把几张图配进 PPT 就可以了吗？当然不是。我们还需要一个非常重要的总结。这时，我们可以单独拿出一张 PPT 做一个总结。总结可以是三个饼图或三个框图，标示出客户的年龄、生活态度、购物需求、行为。这样会非常直观。

假设我们做一个旅游的品牌，展现的方式就不一样了——应该是通过山水图展示游客的心境，营造一种山高水秀的氛围。例如，我们想展现黄山的场景，把游客在黄山旅游的场景图放进去。此外，还可以把游客登山的过程图，尤其是非常艰难的登山过程图放进去，这样更能展现出黄山的气势和巍峨。

我曾经在做旅游的品牌时，就放了一个日出的图片，而且还配了一句话"在什么地方思考也许不重要，重要的是我们在这里找到了人生的哲学"，如图 3-6 所示。有一张日出的图片，再配上这样一句话，就让人感觉到这里旅游是很有意义的。

图 3-6　我在方案中放的图及配的话（1）

其实，我还另外放了一张图片，图片展示的是山头的景象。当时，我也在图片上配了一句话"山水有所不同，世界一脉相承"。

还有一张图片也和上面两张图片类似，是一个巍峨的山峰立在那里。我也为图片配了一句话"不必行色匆匆，我们需要更高从容"，如图 3-7 所示。

图3-7 我在方案中放的图及配的话（2）

配图有如下几个很好的方式。

配建筑图：选择非常大气的建筑图配进去。

配人物图：展现人物生活的图，最好是上班或日常休闲的图。

配山水图：山水图会让客户觉得方案做得非常大气。

配场景图：最好是产品的使用场景图，可以让客户有直观的感受。

上述几种配图的方式会让方案非常大气、直观，把客户的想象力激发出来。我们配图就是要让客户在脑子中深深牢记我们的方案，这样就能够达到我们的目的——让客户通过图片而不是文字去看我们的方案。

本节总结

本节的核心概念是什么？

_____

为什么要精心配图？

_____

有哪几种配图方式？

_____

本节互动

你以前是如何配图的？

_____

你如何写配图的文字？

_____

请你尝试为自己的方案做 3 页配图。

_____

✛ 数据图应用法：

用数据说话，让他人无话可说

数据能证明想法是正确的。有人可能会觉得，为什么要在方案中证明自己的想法是正确的呢？因为写完一个方案就要给别人看，而别人不一定理解你的想法，甚至会对你的想法产生怀疑。总而言之，无法证明的方案是无法获得客户认可的。

和客户提案的过程就是一场战役，不是你说服了客户，就是客户没有采纳你的方案。没有采纳你的方案，就是客户觉得"你的方案不可信"。所以，你所写的任何方案都必须向客户证明自己是正确的。不管是通过逻辑分析、通过证言，还是通过数据，都必须证明自己的方案是正确的。数据是最有说服力的，可以给客户以无可辩驳的专业感。

例如，你在方案中跟客户建议重视微信小程序，因为最近两年微信小程序的使用人群在大量增加。此时，你可以展示数据，即通过一个数据图让客户深刻认识到微信小程序的重要性。之后他就会相信你说的"重视微信小程序"的建议。

如果你没有数据证明，只是单纯跟客户说"现在微信小程序的使用人数逐年增加，贵公司应该做微信小程序"，这个力度就会弱很多。也许你获得了这个信息，看到了微信小程序的用户增长速度，但客户还没有感觉到，或者感觉没有你那么强烈。

即使你给自己公司做方案，也需要用到数据。例如，分析自己公司的经营状况，包括产品卖得好还是不好、利润做得如何、客户转化率如何等问题，如果有数据的话，就可以让你对自己的方案更有把握。

数据图可以分为三种：曲线图、饼状图、柱状图，如图 3-8、图 3-9 和图 3-10 所示。

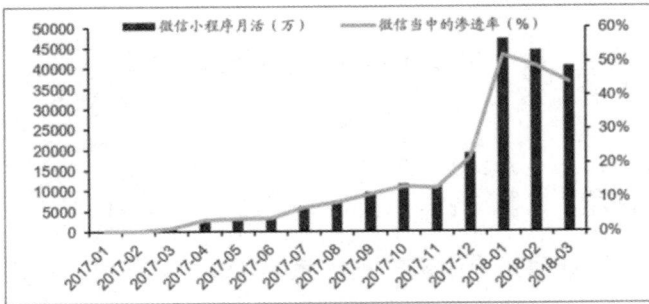

图 3-8　微信小程序月活曲线图

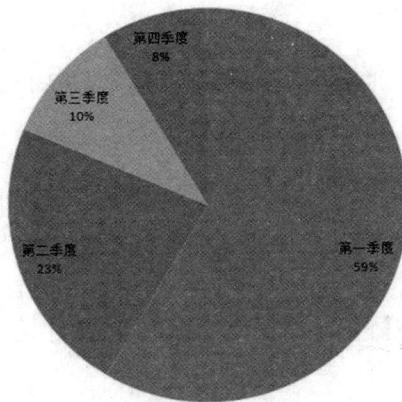

图 3-9　微信小程序月活饼状图

年龄分布

■ 知识付费

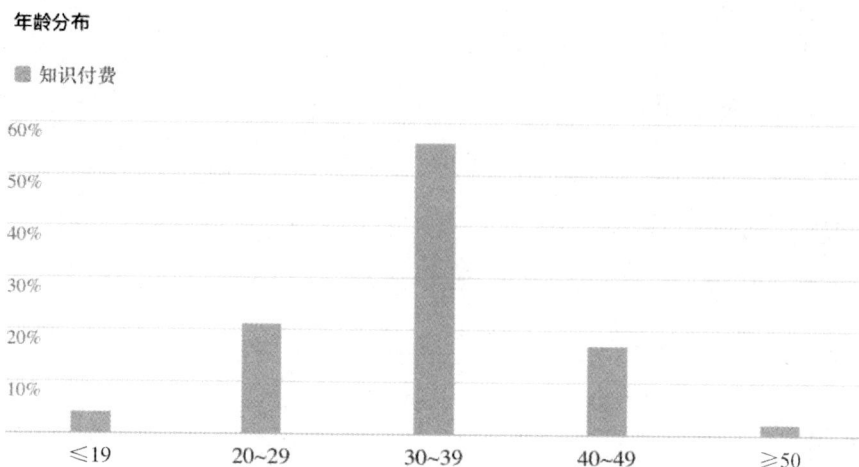

图 3-10　知识付费人群年龄分布柱状图

我曾经运营过一家制鞋公司。当时，我每个月都会让财务人员把数据表统计出来，然后去观察某个渠道的销售状况。该公司有三个线上渠道，包括唯品会、天猫、京东，还有一些线下实体店代理商。

我会把几个渠道分别拿出来看，分析每个渠道的销售状况如何、公司已经为每个渠道花了多少钱，以及耗费了多少人力和时间。如果某个渠道做得不好，我就会在这个渠道上少花一些精力，把有限的资源投入最能产生利润的渠道中去，来提高整个公司的经营效益。

有一次，我发现京东的销售状况非常不好。这个渠道花费了公司大量的精力，每个月才盈利几万元，而且获取流量非常困难。于是，我果断放弃了京东。在唯品会上，该公司每个月可以有 300 多万元的营业额，所以我决定把主要精力放到这个渠道上——去洽谈长期合作，并做出全年的供货方案、促销方案、节日营销方案。

然后，我根据该公司其他部门的反馈，调整产品开发策略。唯品会的人表示，以前从来没有公司针对唯品会做全年的规划方案，所以他们愿意给我们更多机会。后来销售状况好的时候，该公司一个月能盈利500多万元。

当然，这并不是说京东不好，而是该公司没有那么多的精力去经营这个渠道，也可能是团队没有掌握经营这个渠道的方法和技巧。虽然原因是多种多样的，但数据不会骗人。当看到数据以后，你就可以知道应该朝哪个方向努力了。

如果某个渠道需要每个月投入两到三万元的营销成本，但营业额只有几万元，就应该果断地先放弃这个渠道。如果在一段时间之后，可以匹配到合适的团队经营这个渠道，那么还可以重新使用这个渠道。

就这家制鞋公司来说，在唯品会上经营，公司无须投入人力成本去推广，而只需要把货品运过去即可。因为只要唯品会给该公司选择一个档期，该公司就可以把产品销售出去，而且周期非常短，一般是三天或五天。在这几天的时间内，该公司可以获得300万元到500万元的销售额，这对该公司来说是一个非常合算的事情。

之前，我还专门到唯品会讲我的方案是如何做的和制鞋公司在下一个季度开发了哪些产品，并且我还把全年的方案都做了出来。对此，唯品会的人觉得我做事非常努力，所以就不断让该公司选择档期，后来还增加了档期，有时候一个月可以将产品销售两次。

我在为这家制鞋公司服务时，起初这家公司有三类鞋子——皮鞋、休闲鞋、帆布鞋。经过数据对比，我发现皮鞋的销售占比非常少，而且开发成本非常高。于是，该公司果断放弃了皮鞋这个类目，把主要的精力放在帆布鞋和休闲鞋上。此外，我发现休闲鞋的利润比较高，而帆布鞋的销量多一些，于是就选择好好经营这两个类目。

如果在写一个方案时你没有数据怎么办呢？你可以看行业趋势图。什么是行业趋势图？就是通过这个图人们可以看到行业未来发展的趋势是上升的还是下降的。如果行业一直呈现上升趋势，并且速度比较快，就可以选择这个行业好好经营下去。

我们还来看制鞋公司的案例。当时，我在百度指数上搜索皮鞋、休闲鞋、帆布鞋的发展趋势是什么样的，结果发现近十年来，皮鞋的上升速度是非常缓慢的，甚至有下降的趋势，但帆布鞋和休闲鞋的上升速度是非常快的，如图 3-11 所示。

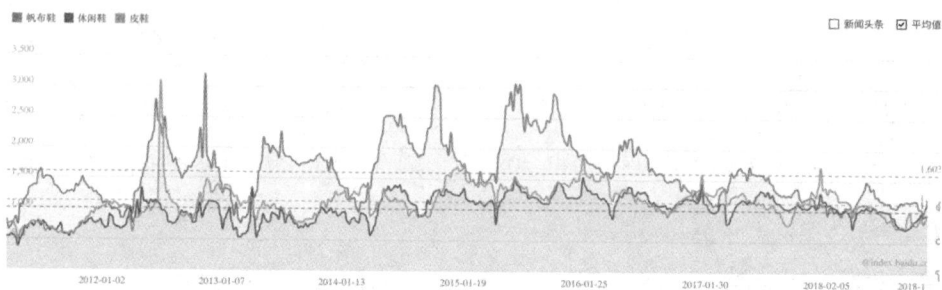

图 3-11　帆布鞋、休闲鞋、皮鞋发展趋势图

我还发现，经营皮鞋的大型公司很多，这些公司已经非常成熟，牢牢占据了市场。因此，皮鞋行业的竞争压力非常大。而现在的人越来越喜欢休闲、舒适的穿着，并且经营帆布鞋的公司并没有那么多，再结合帆布鞋上升的发展趋势，我果断决定选择最容易的事情去做。

如果我把这些数据放到方案里面，在招商会上讲给客户听，客户会觉得我做得非常专业，从而提高招商的成功率。事实上，后来我帮这家制鞋公司招到了十多个城市的代理商。

我曾经去一家公司提案，通过数据分析拿下了 1000 多万元的业务。这是关于一次大型促销活动的方案，其中有一个环节是礼品赠送。当时，他们选择的礼品有电视机、冰箱、手机、袋装大米、食用油、纸巾等。他们将前三等奖的礼品分别设为电视机、手机、冰箱，而且占比非常重。

于是，我帮他们分析：前三等奖的占比太重，需要的费用会比较多。我建议他们设置一个高价值的特等奖，把电视机和冰箱的占比调低，而末等奖则设为"只要参与都可以获得一份礼品"。然后，我给他们看，如果这样设计，总体费用可以节约 30% 左右，关键是效果会更好。

你可能会问，这样设计客户会不会感觉不好呢？

恰恰相反。因为大多数人在抽奖上有两种想法：一是用最小的代价博取最大的奖项，福利彩票就是这个原理；二是自己很不幸，什么奖项都没有得到。

我的设计恰恰满足了这些人的想法，让他们有一种要博取特等奖的想法，如果博取不到特等奖，至少也有一个末等奖，而不会什么都没有。

在看到我列的数据之后，客户大吃一惊——如果费用可以节约 30%，那就是几百万元，而且效果还会更好。以前，客户从来没有想到要对数据进行分析，所以在看到我列的数据之后，觉得我非常专业，立即决定与我合作。

本节的核心概念是什么?

_____

为什么要用数据?

_____

有哪几种数据图可以用?

_____

你以前使用过用数据说话的方法吗?

_____

你会分析数据吗?

_____

请你尝试用几个 Excel 公式来进行数据分析。

_____

第 4 章

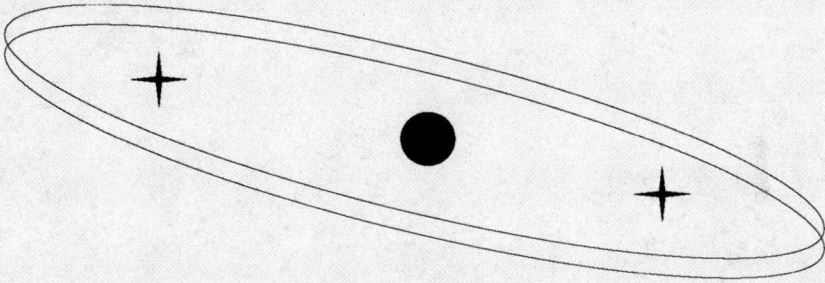

实战案例篇：可模仿、可直接套用的 7 类典型方案

✛ 个人推广方案：

重新定位，让他业余收入 3 万元

定位是写方案非常重要的一部分，也适合每一个人。实际上做好个人的精准定位没有那么难，而且有助于提高收入，这一点都不夸张。不过，在现实生活中，很多人都因为定位不清晰而掉进了"收入的黑匣子"，具体表现有以下几种。

（1）工作很努力，但收入提高缓慢。面对结婚、生小孩、买车、买房的压力，自己常常感到焦虑；在与周边的朋友聊天时，发现他们也很焦虑，不知道应该怎么办。

（2）升职很缓慢，两年提升一个级别，提升一个级别增加一千元左右的收入，还不及家庭开支增加得多。自己想要跳槽，但一直没有找到合适的公司，或已经跳槽了好几次但都没有找到理想的工作。

（3）想要创业，又担心失败。很多人想要创业，但不知道如何开始，对失败的担忧胜过对成功的渴求，一想到有可能失败就望而却步。

我把这种状况称为"收入的黑匣子"，即掉进了一个黑匣子中，看不到外面的世界，能想到的方法只有在这个黑匣子中如何提升自己的收入。当然，收入的提升不是某一个方面，而是一个立体的框架，需要考虑很多因素。

我总结出一个公式：个人价值=努力的深度×影响的广度×个人的心性。借助这三个维度，一旦你找到了自己的精准定位，就能穿破"收入的黑匣子"，用同样的努力获得翻倍的收入。例如，我们身边有些人，原来一个月收入几千元，但过了一两年居然收入几万元甚至几十万元。这种事情一点都不罕见。

很多时候，不是你不够努力，而是世界变化太快，需要你紧跟时代的步伐，去调整自己，让自己看到更多的可能性。下面我跟大家分享一下我身边的真实案例。

案例+

普通设计师如何通过个人推广方案月赚 3 万元

我有两个非常好的朋友，一个是设计总监，一个是设计师。5 年前，我就和我的设计总监朋友说，他应该找到一个个人定位专注去做，但他没有听，而且想一边做设计一边做营销策划，甚至还想拍摄视频。前几天，他来找我聊天，依然还是 5 年前的生活状态。

而我的设计师朋友在 3 年前找我聊天，诉说自己的苦恼，抱怨自己做设计已经很多年了，工资也从 5000 元涨到 10 000 元，但始终没有大的进展，只是偶尔在外面做兼职多赚一两千元。

他还跟我说，他组建了一个 5 人的兼职团队，在外面接一些设计的订单，而他自己什么都不用做，只需要把事情分给其他人做就可以。

我问他："你这样做的结果如何呢？"

他回答："很一般，找客户比较困难。而且因为是兼职团队，做出的设计质量不好，客户回头率也不高，所以只能接零散的订单。我们团队一个月虽然能赚几千元，可是大部分钱都分给了其他人，我觉得很苦恼。"于是，他就想跟我深入聊聊这件事情。

后来，我们两个人拿出纸，在我家的茶桌上一边喝茶一边做出了他的个人推广方案。他做的设计包括海报设计、平面广告设计、网页设计、Logo 设计、空间设计等；客户类型有通信公司、餐饮公司、电子公司、科技公司等。反正客户要求做什么他就做什么。

我问他："哪一种类型的设计是你最擅长的？"

他想了想说："我好像没有特别擅长的。"

我又问他："哪一种行业的设计是你最擅长的？"

他想了想说："好像也没有。"

对于这样的情况，他非常苦恼，感觉自己工作了这么多年，虽然都做得不错，但并没有一个最擅长的技能。我就安慰他说没有关系，一切都可以重新开始。

我又问他："你最喜欢做的是哪一种类型的设计，最想做的是什么行业的设计？"

他想了半天说："我好像没有什么特别喜欢的，只要能赚钱就行。"

我接着问他："哪种类型的设计是最容易赚钱的，而且工作量又不太大？"

他想了想说："那应该是网页设计和海报设计。"

我继续和他探讨到底做网页设计和海报设计是不是最赚钱的。

通过对客户和市场进行分析，我发现，现在已经有很多做网页设计的公司，做整个网站的设计大约收费 5000 元；做海报设计的话，设计一张海报收费 1000 元，客户都觉得贵，而且客户对此项服务的价值感知不强。客户花 1000 元设计一张海报，觉得不划算，有时还会讲：在×××做一张海报只需要 100 元，在××× 可能只需要 50 元。这就是一个很大的问题——洽谈客户非常困难。

后来，我就建议他做 Logo 设计，即给品牌设计标志。这个工作相对简单，但对客户来说意义重大。Logo 除了会用到产品的各种宣传资料上，还会用到店面、网站、自媒体等地方，而且一旦使用就会注册商标，很多年都不会变。

客户对专业的 Logo 设计的价值感知是只要做这个事情的设计师是有水平的设计师，就愿意给更多的钱。所以，我建议他，设计一个 Logo 可以收10 000 元，如果收不到 10 000 元，前期最低也要收 5000 元；等几个月以后，有了一定的客户量就可以收 15 000 元或 20 000 元。

在我跟他讲完后，他陷入犹豫中，说出了自己面临的两点困难：第一是设计 Logo 收 10 000 元很困难，他之前设计 Logo 基本都是收 1000 元到2000 元，这样客户还觉得贵，有的客户去×××设计 Logo 只需要花一两百元；第二点是不知道去哪里找愿意出高价的客户。

我又帮他分析。

第一点困难是价值问题。他从来都没有对自己做的事情进行过包装，也没有提升过自己的服务。过去，他做 Logo 只收到一两千元，这就是客户的价值感知。客户认为他做的事情只值这么多钱。就像你去一家普通的餐馆吃饭，一道菜 30 元你可能会觉得很贵；但你要是去一家五星级酒店吃饭，一道菜 120 元你可能都不会觉得贵，因为那里的环境、装修、使用的餐具、服务，让你觉得这道菜值 120 元。

第二点困难是客户群体问题。他没有找到合适的客户。客户群体是有阶梯的，月薪几千元的普通员工很难去买一个价值几万元的名牌包，但月薪几万元的管理层通常也不会去使用几百元的包。客户的消费习惯取决于他们的收入水平和消费价值观。他需要更换能出高价的客户。

我跟他讲了我替别人做方案的案例。很多人在外面兼职写方案，一般会收几千元，而我写方案要收 12 万元，而且我只做品牌规划和营销传播的部分，其他的部分不做。

我为什么收那么多钱呢？因为我发现找个人而不是找公司做方案的客户一般都是中小型公司，年度营业额在 3000 万元以内。这些公司最需要的是为产品做好定位，然后立即提升业绩。如果能提升业绩，就等于为这些公司赚了钱。我的方案如果能帮助这些公司多赚几百万元，而对方只需要拿出十多万元给我，这很合算。

于是，我就抓住这两点来做，把方案写得很简单，而且可以 3 个月就见效。与此同时，我也不用接那么多订单，我的目标就是每个月接一个客户，花 3 倍的时间在这个客户身上，仔细研究这个客户应该如何提升业绩。

我接着帮他分析。客户做 Logo 设计是为了有一个更好看的标志吗？显然不是。做生意不是做艺术，设计 Logo 是为了让人们记住品牌，使品牌产生更大的商业价值。如果你设计的 Logo 比客户原来的 Logo 更好，可以让更多的人记住客户的品牌，那么客户出一两万元是非常合算的。

关键是，你要总结出一套行之有效的方案，让你设计的 Logo 被客户记住。你要帮客户做出一套理论体系，并且要有实际的效果。你不仅要做设计给客户，还要做深入研究，用数据证明你的设计确实能提升人们对其品牌的记忆。

例如，对每一个客户，你都进行调研，让客户去验证你的设计水平。这样能不断提高你的设计水平。在坚持半年以后，你的设计水平就可以超越很多高级设计师。因为 99% 的设计师都在办公室里埋头做设计，而你却深入市场一线，和客户零距离接触。这样你可以听到客户对你的真实评价，从而不断地优化设计。

那么，做到这些就够了吗？远远不够。

我建议他，每做完一个 Logo 设计，都要用非常有质感的特种纸打印出来，装订成一个册子，再用玻璃把 Logo 雕刻出来赠送给客户。这样把电脑里的设计稿变成立体的物体，客户一定会觉得非常漂亮，会觉得设计师非常用心，也会愿意介绍更多的订单。这样可以让 Logo 设计产生更大的价值。对此，他感觉很吃惊，因为以前从来没有这么想过。

我们一边喝茶，一边继续分析。

如果要专注做 Logo 设计，从哪个行业切入最合适呢？是电子行业。有两个原因。

其一，深圳的电子行业占全国很大的市场份额，公司都集中在华强北电子一条街，非常容易找客户。而且电子行业的公司一般规模比较大，支付得起比较高的费用。

其二，我的设计师朋友本身做通信行业多年，通信行业和电子行业有极大的关联，做起来更容易。而且，当他为电子行业的客户做设计时，他也可以讲述通信行业的状况，从而使客户觉得他非常专业。

如果要做个人定位，只说明自己是"专注电子行业的 Logo 设计师"是远远不够的，还需要有更多的支撑点。经过几个小时的分析，最后他写下了几个支撑点。

（1）专注电子行业的 *Logo* 设计师。

（2）总结一套 *Logo* 设计的理论体系。

（3）与市场零距离接触，在市场中不断检验自己的作品。

（4）找到一个具体的行业作为切入点，那就是电子行业。

（5）有一套与客户洽谈的逻辑，写成书面方案。

我建议他回去立即做一套个人介绍资料，总结 Logo 设计的理论体系，把过去的成功案例都放进去，并装订成册。

这是第一步，做好个人定位，并找到几个支撑点。

那么，如何找到客户呢？这就是第二步：推广。

推广是需要策略的，有很多种办法，也可以面向很多人群。基于他既没有广告费，又没有专业团队的情况，我制定了一个"聚焦传播+佣金分销"的策略。

1．聚焦传播

聚焦华强北电子一条街的公司，在特定的几栋写字楼做传播，因为大部分的客户都在这几栋写字楼中。

做 1000 张名片，名片的标注是"专注电子行业的 Logo 设计师"。为了让客户保存这张名片，我建议他放一个二维码并写上一句话"让 3 倍客户记住产品的秘诀"。名片的设计是不是也是一种营销？当然。一张普通的名片，看到的人可能会丢掉，但如果是上面有"让 3 倍客户记住产品的秘诀"的名片则更容易吸引关注，有助于下一步沟通。

此外，名片的发放方式也要不一样，需要围绕华强北电子一条街用 3 个星期连续发放 3 遍。

他就问我："以前我也发过名片，但都没有效果。"

我跟他说："以前你没有说自己是专注电子行业的 Logo 设计师，而且只发了 1 遍。发 1 遍客户是记不住的，发 3 遍大概会有个印象。如果你再赠送礼品，客户对你的记忆会提升很多倍。"人们对只见过一面的人是很难记住的，但如果连续见 3 次面，就可能永久记住这个人了。这就是重复的力量。

2．佣金分销

设计好营销策略——介绍客户就可以获得 30%的佣金，从而让别人帮忙介绍客户。我建议他联系身边所有朋友，以及熟悉的广告公司的业务人员，告诉他们他是专业做电子行业 Logo 的设计师，希望他们给介绍客户，事成之后可以获得 30%的佣金。

很多广告公司的业务人员手上有很多客户，他们也希望和靠谱的设计师合作。按照 30%的佣金计算，如果设计一个 Logo 是 5000 元，那么介绍客户的人就可以拿到 1500 元的佣金；如果设计一个 Logo 是 10 000 元，那么介绍客户的人就可以拿到 3000 元的佣金。对他们来说，这是非常合算的事情。

果然，过了半年，他就不再缺客户，甚至已经开始挑客户了。

那么，个人的推广方案应该怎么写呢？用"4 步极简撰写法则"。

第一部分写市场分析，分析自己的特长和喜好，分析市场对设计的需求，分析有哪些竞争对手及他们提供什么样的设计服务。通过这些分析，我们最后得出一个结论：做 Logo 设计是最省时间和精力，而且收费更高的事情。

第二部分写定位策略，就是专注于电子行业的 Logo 设计。

定位策略不可以只写一句话，而要分解成几个步骤。

（1）专注电子行业的 Logo 设计。

（2）做出一套 *Logo* 设计理论体系。

（3）找一套市场验证的方法。

（4）写一个与客户洽谈的逻辑步骤。

第三部分写推广规划，即"聚焦传播+佣金分销"。

（1）聚焦电子市场，发放名片。

（2）联络朋友分销，联络广告公司的业务人员分销。

第四部分写项目执行。

这一部分主要写执行的细节，还是应该使用表格。我建议他给自己列一个执行计划表，包括推广计划表、准客户表、客户调查表等。此外，什么时间应该做出什么事情也要一一列出来。

后来我把这个案例讲出来，有人说总结理论很困难。是的，总结一套理论当然不容易，如果容易人人都可以做出来了。但好的理论并不需要一个前所未有的发明，只需要能够产生效果的实用法则。

还有人说，给介绍客户的人 30%的佣金太多了，一般业务提成都是 5%到 10%。我就说，你没花一分钱都能赚到 70%是不是太多了？在还没有足够的实力，没有足够的广告费的情况下，只要让业务能够快速发展就是最好的方案。

1．做个人定位，仅仅说出是"XX 专家""XX 第一人""XX 开创者"是远远不够的，还需要有一套完整的理论体系和案例实证，以及配套方法。

2．做个人介绍资料要总结一套自己的理论体系，并且整理自己的成功案例。

3．做好个人定位仅仅做了 10%的工作，大力的传播才是重点。

4．个人价值=努力的深度×影响的广度×为人的心性。借助这三个维度，一旦你找到了自己的精准定位，就能穿破"收入的黑匣子"。

5．挖井原则。与其挖 100 口 10 米深的井，不如挖一口 1000 米深的井，因为 10 米深的井是很难出水的，而 1000 米深的井一旦出水，就够一个村的人饮用。

6．跨界的基础。能够有多种身份的人，都是在一个身份成功后才有机会的。这不是不让你去做更多的事情，而是告诉你只有先把一件事情做到极致，才有机会做更多的事情。

本节的核心概念是什么？

_____

本节的核心内容是什么？

_____

你学习本节有什么收获？

_____

请你写下自己做过的几件事情。

_____

其中，哪件事情可以做到极致？

_____

你应该如何去做？

_____

✛ 网络推广方案：

12 万元的网络推广方案是如何洽谈的

年初，一个广告公司的朋友和她的客户一起找我喝咖啡，说是随便聊聊。只要是和客户聊天，我都会抱着平常心，不会总想着要去接订单。当客户咨询一些问题时，我都会尽量把好的想法说出来。不管客户最终有没有和我合作，我都会尽力帮忙。我们就在我家附近的星巴克随意聊着。

朋友的客户创建了一个外贸供应链网站，发展速度非常快，已经融资4000 万元。他现在面临一个很大的难题，就是公司马上要进行下一轮融资，融资金额是 1 亿元，但公司没有任何知名度。这对融资极为不利。因为很多投资者都更愿意为有一定知名度、在行业内有一定口碑的公司投资。

朋友的客户想投放广告，让公司更有影响力，但这需要比较高的成本。例如，户外公交站的广告牌一个月大约是 8000 元一块，500 块就是 400 万元，即使打 4 折，也需要 160 万元；通过地铁打广告一个月大约需要 150 万元；网络广告一个月也需要上百万元，再加上几十万元的拍摄费用。关键是投放广告也很难获取投资者的信赖。

那么，怎样才能花更少的钱打造最大的影响力，以获取投资者的信赖呢？

在聊天时，我替他想了一套方案，即通过"记者采访+新闻+参与论坛"

的形式，让投资者产生信赖感，然后通过自媒体放大效果。很多时候，专家言论营造出来的信赖感是广告远远不能相比的，而参与论坛是公司提升形象的绝佳策略。很多善于自我宣传的老板都会用这个策略，既省钱又能获得广泛的信赖。过去，我在做方案时，也经常用到这个策略。

客户问："如何才能找到记者采访呢？"

我说："我认识很多记者，但只有好的主题，他们才愿意采访。"

客户又问："如何参与论坛呢？"

我说："首先通过新闻把公司的亮点传播出去，然后找到合适的切入点去联系各种论坛。论坛也需要有合适的主题，只要你把自己的项目塑造好，不难参与。"

我们聊了很久，把如何找到记者、如何与媒体洽谈、如何搭建自媒体、如何规划内容，甚至做自媒体需要什么样的人都洽谈完了，然后客户离开了。我以为他们就随便找我聊聊，但当天晚上 10 点多，客户给我发消息，让我做一个报价单，希望和我达成合作。

这让我感到非常意外，便花了一个晚上的时间写了方案的框架。后来，在写完整个方案以后，我要收取 12 万元的费用。对此，客户丝毫没有讨价还价的意思，果断同意了。

客户需要的是解决问题，对于融资 1 亿元来说，12 万元简直是九牛一毛。如果客户用别的方式去做，可能要花上百万元，而且不一定能达到这种信任度和传播效果。很多公司就是因为没有好的策略，所以花费了几百万元的广告费都没有取得好的效果。

1．在与客户洽谈时，目的性不要太强，更不要担心客户会拿走你的创意。你应该知无不言，言无不尽，本着帮助客户的心态去与客户洽谈。客户对你的真诚是有感知的。如果他与你合作是缘分已到，如果他不与你合作是时机还不成熟。

2．做营销要不断累积媒体资源。客户找你做方案不仅需要好的策略，还需要能够节约成本的媒体资源。

本节的核心概念是什么？

_____

网络推广的执行要点是什么？

_____

你学习本节的收获是什么？

_____

联系本节，你对以前做过的方案有何想法？

_____

你都规划了哪些有效传播方法？

_____

这些传播方法达到了客户想要的什么结果？

_____

✛ 系列营销方案：

用好这招，客户心甘情愿与你长期合作

做全年的营销计划对自己公司和对客户都有很大好处。对自己公司的好处是一次性就可以拿到客户全年的订单；而对客户的好处是帮助客户做好了一年的计划，使他们工作起来更轻松。这样大家皆大欢喜，唯一一个不开心的就是自己公司的竞争对手了。

一般来说，一个大客户总有几家甚至几十家公司在为其服务，你拿下这个大客户全年的订单，也就意味着你的竞争对手要开发新的客户了。没有办法，市场竞争就是这样残酷。

我曾经做过一个系列营销方案，费用高达 580 万元，是中国移动一个市级分公司的系列营销方案。这里不得不提的是，我为中国移动做营销咨询已经有 14 年的时间。

中国移动有两个非常重要的品牌，分别是全球通、动感地带。其中，全球通是高端品牌，基本都是商务人士在使用。为了回馈全球通客户，中国移动在各大机场设置了 VIP 接待室，在营业厅设置了专门的接待室，还做了很多高尔夫球赛。动感地带是年轻人喜爱的品牌。为了提升动感地带的品牌特

性，中国移动做了街舞大赛，邀请周杰伦等明星做形象代言人，还举办了数百场歌友会和演唱会。

中国移动的分公司每年也做很多回馈活动，如乒乓球赛、羽毛球赛、高尔夫球赛等。此外，该分公司每年还请名人做名家讲堂，年终还举办演唱会。他们做很多活动，设计不同的主题，写不同的文案，做不同的舞台背景板，免不了加班。但这些活动非常零散，不能让客户有特别大的感知，尤其是对社会大众的影响不大。

怎样才能规划一个全年的营销计划呢？

我写了一个方案——《客户忠诚度提升品牌规划方案》。为什么叫"客户忠诚度提升"呢？因为他们做的所有活动，无论是开俱乐部、设置 VIP 接待室，还是年终答谢会，都是为了提升客户忠诚度，只不过之前没有提出这个概念。我在方案中明确提出这个概念，针对提升客户忠诚度做了整年的计划。

我在方案中分析，过去他们虽然为客户做了很多的事情，有了一定的美誉度，但所做的工作没有积累，也没有起到更大的传播效果，当然很难提升客户忠诚度。

过去，他们做得都是零散的活动，像乒乓球赛、羽毛球赛都很平常。高尔夫球赛虽然是比较高端的活动，但一年只做一两次，产生不了太大的影响力，通常只有少数参与的人才会有感知。大多数公司都希望，哪怕做一场只有 100 人参与的活动，也希望所有的参与者都会有感知，甚至社会上的人都有感知，因为这样才能让使用这个品牌产品的客户产生荣耀感。

那些国际大牌每年都会邀请名模、名人去参与活动并大力宣传。对此，即使没有参与活动的客户仍然有一种荣耀感，觉得自己使用的产品是一种高端产品。这就是活动带来的影响力。

在方案中，我给他们的建议是，只做名家讲堂活动，乒乓球赛、羽毛球赛就不要做了。后来，他们用一年的时间只做名家讲堂活动，邀请名家开讲，如易中天讲三国、余世维讲管理、郎咸平讲投资、张召忠讲军事、曾仕强讲中国式管理等。

为什么要请这些人呢？因为全球通都是一些高端客户在使用，他们希望听到名家的分享，希望学到更多的知识、结识更多有身份的人。每个月举行一次这样的活动，把国内各类的名家邀请一遍，做大力的传播。这样坚持一年，很多客户就都会有感知了。

如何去包装活动呢？我给这个活动取了一个名字"蜀道论剑"，"蜀"是四川，"道"是道路，意思是在四川的一场商务论坛与交流活动。取好名字才有好的传播效果。例如，金庸的"华山论剑"无人不知无人不晓，后来马云在西湖举行了一场"西湖论剑"。1999 年，马云创办阿里巴巴，2001 年就举行了"西湖论剑"，邀请当时风头正劲的三大网站的创始人——新浪的王志东、搜狐的张朝阳、网易的丁磊参加，以此提升阿里巴巴的影响力。

就像"奇葩说""吐槽大会""创造 101"，都是为活动取了一个好听并且容易传播的名字。如果"奇葩说"叫辩论会，那就会变得很普通了，因为普天之下叫辩论会的活动很多，大学校园里就有很多辩论会。"名家讲堂"这个名字也很普通，很多地方都有名家讲堂，这是一个通用的名字，不具备任何特点。

"蜀道论剑"就不是通用的名字，具有独特的地域特征和象征性，又借势武侠小说，具有很强的传播性，听起来非常响亮。起初，我和团队成员讨论了很久，想了很多名字，如蜀地论坛、川地论坛、川地论道、全球通论坛等，最终还是选择了"蜀道论剑"。客户觉得这个名字非常有意思，一下子就接受了。

在做第一场活动时，我们真的准备了一把剑，是一把根据倚天剑制成的仿古剑。我们将这把剑摆到活动现场，在老师讲课前，先拔出剑做个样子，代表论剑开始了，讲课也开始了，非常有仪式感。在做宣传海报、宣传网页时，我们也把这把剑放进去，形成统一传播。

很多人都觉得这个形式非常有意思，一下子就记住了。有的客户说，自己每年都参加几十场大型的活动，但从来没有见过这么好玩的活动。一年下来，我们邀请了易中天、张召忠等 10 多位名家开讲，预算为 100 多万元。

我们还举办了年终客户答谢会，邀请了国际魔术大师丹尼尔斯。此外，我们还邀请了一些动感地带、神州行的客户参与，同样产生了非常好的效果。

我们来总结一下这个方案。

（1）总体策略：把全年的活动品牌化，聚焦在一个点上，统一传播、统一形象，把一个点放大，提升知名度。

（2）活动规划：把全年的活动系列化，集中力量做好"蜀道论剑"，放弃影响力不大的乒乓球赛和羽毛球赛，花更少的钱获取更好的效果。

（3）执行效果：不用每个月去思考要做什么事情，不必去不同的场地，按部就班执行即可。这样不仅节约费用，还能够获得更好的口碑，给客户带来更高的精神享受。

我是如何写这个方案的呢？我在前面讲过写方案的"4 步极简撰写法则"，这个方案仍然分为分析、策略、规划、执行，但写法略有区别。

◆ 分析

分析客户需求，分析他们以前所做活动的优点与缺点，分析针对同类客户的做法。前面几个方案是分析竞争对手、客户、公司自身，而这个方案就没有分析竞争对手，而是通过分析中国移动的做法给分公司参考。

◆ 策略

这里的策略又有些区别，就是要增加一个客户忠诚度的概念，讲一些客户忠诚度提升的策略。我的策略就是，聚焦活动内容，打造品牌，提升客户忠诚度。

◆ 规划

整体规划分为名家讲堂、年终答谢会、日常活动，且把这三块的内容描述清楚。

◆ 执行

执行还是要用表格，填写活动的细节。例如，全年 12 场名家讲堂邀请谁，年终答谢会邀请谁，日常活动邀请谁等。

这个方案给我们的启示是，如果想拿下客户更多的业务，就可以考虑做系统性、全年度的规划。如果能够帮助客户做效果更好、花钱更少的方案，那么拿下百万级的订单真的没有想象的那么难。

你要相信，只有你的方案能够帮助客户，你的价值才是巨大的。

实用小贴士 ✚

1．做全年的、整体的营销方案，为客户创造更大的价值，客户会更加认可你。

2．取一个好名字，会将传播效果放大很多倍，如蜀道论剑。我把自己的学员社群分享会取名为"58分享会"，即每周五晚上8点分享最新的营销案例。

3．如果为一个活动加入仪式感，则会让客户印象深刻。

本节的核心概念是什么？

_____

本节的核心内容是什么？

_____

你学习本节的收获是什么？

_____

你们公司有哪些事情可以做全年规划？

_____

请为你做的事情取个名字。

_____

如何让你做的事情更有仪式感？

_____

✛ 年会方案：

用好情感因素做年会，打动全场 300 人

很多学习写方案的人在刚入门时只想写活动方案，因为比较简单，而且适用范围广。像为公司年会、新闻发布会、招商会、员工聚会、员工生日会、文化活动、出游活动写的方案都是活动方案。活动有小有大，小型活动 1 万元就能做，而大型的发布会、招商会则需要上百万元。无论做小型活动，还是大型活动都是一个道理，只不过后者需要更多的内容、更多的细节、更多的人员。活动方案虽然属于相对基础的方案，但想要做得出彩，做得与众不同，也是需要花费很大心思的。

有一年，我们公司要做一场年会，领导觉得我很会做方案，就把这个任务交给了我。公司的基本情况是深圳总部有 200 多名员工，各地有十几家分公司，每家分公司有 10 位左右的员工参与。年会分为年终总结会和年终晚会，领导对具体的形式没有提出要求，只有一个条件——要有一个好的主题。我们的分公司也算是遍布全国各地。公司的主要客户是通信公司、保险公司、银行、软件公司等——都是千亿级别的大客户，所以年会要做得有模有样。

以往公司的年会都是吃饭、看节目、请明星助阵，如汪涵、黄宏、巩汉林、大兵等。过去的年会做得非常欢快、喜庆。那么，这次如何才能有所突破，如何才能出彩呢？这次年会不能走过去的老路，我应该如何做这个方案呢？

我想了很多，但在拿到领导的需求以后，脑子一片空白，不知道如何思考才是正确的。很多人会在网上搜索方案去参考，而且总是担心自己的方案领导不满意，便多做几套方案。我刚开始做方案时，也这样做，就是提出很多套方案，期望领导能从中选择一个。

我用了一个上午思考：领导花几十万元做年会，究竟要达到什么目的？难道就是让大家吃吃喝喝，见一下明星，高兴一阵子？这算是好的年会吗？这确实是欢快、喜庆的年会，大部分的年会也都是欢快、喜庆的，还有的年会是热闹、搞笑的。这样的年会真的是领导想要的吗？也许领导也没有思考过到底什么样的年会才算是一场好的年会。

但我觉得欢快、喜庆、热闹、搞笑的年会都不是领导最想要的，也不是一家公司最应该做的。公司作为一个经营单位应该对客户负责、对员工负责。年会应该让员工更积极、更有责任感地工作，这样才能更好地服务客户，才能拿到更高的薪酬；年会还应该让参与的客户感觉这是一家有实力、有责任感的公司，从而更放心地与公司合作。

那么，如何才能通过一场只有两三个小时的年会提升员工的积极性和责任感，并能打动客户和管理层呢？我的想法是用"亲情"激励员工、打动客户和管理层。

那么问题来了，300多位员工的亲人分布在全国各地，怎么达到用"亲情"激励的效果呢？我想了3个办法。

◆ **第一，写一封致家长的信，送一份礼物**

信和礼物以快递的方式邮寄到员工的家里，表达公司对员工亲人的感恩之情。我记得当时信上是这样写的："尊敬的叔叔阿姨：您的女儿（儿子）非常优秀，在我们公司兢兢业业。她（他）之所以如此优秀，是因为您的精心培养。她（他）一年难得回去看你们几次，都是因为把更多的时间花在了工作上。我们非常感恩您的理解与支持。马上就要过年了，送上一份礼物不成敬意。我们公司马上要召开年会，希望您能够到现场一起分享我们的成就与喜悦。如果您能来，我们一定会盛情款待……"

大家想想看，这一封信发出去，是不是父母都会非常支持自己孩子的工作？有的父母收到这封信后，就跟自己孩子讲："你们公司真好，你要在那里好好工作。"这样一来，就算是本来想要离职的员工都不好意思提交辞呈了，最后又多在公司待了3年。

◆ **第二，为十名优秀员工的家人拍摄视频**

提前安排两个人到十名优秀员工的家里，悄悄拍摄一段父母的视频，在年会的当晚播放。在颁奖的过程中，先颁奖给优秀员工，接着播放拍摄的视频。父母的真情实感和朴实、动人的话会让人印象深刻。这些话远比员工上台分享的感谢的话更能触动人心。我想，即使奥斯卡颁奖的感谢语，也无法与父母朴实的话相比。

◆ 第三，悄悄邀请优秀员工的父母到现场

在播放完视频以后，让优秀员工的父母出现在台上。可以想一下，有多少人工作很多年，公司都没有请过他们的家人参加年会？而在这家公司，优秀员工的家人被邀请参加年会，住四星级酒店，吃美味佳肴，还可以收到红包，是不是特别感动？

很多员工的父母没有住过四星级酒店，突然有了这么好的待遇，是不是一定会很感动？不要说他们本人，就连参加年会的几百位员工和客户都会被打动。这种场景你或许在电视上看过，但在年会上看到的概率约等于零。

员工会在什么情况下努力工作？一个是被公司的文化打动的情况下，另一个是被薪水吸引的情况下。但最能激发员工自觉、自愿、发自内心地努力工作的必然是被公司的文化打动。把一场年会做得情真意切，通过亲情的链接让员工感受到公司浓浓的人情味，不就是一种最好的文化吗？

当然，我们不是演一场戏给家人看，而是在日常生活中也去落实这些东西，把一种浓浓的情谊渗透到公司的文化中去。有了这些，年会的主题就豁然而出了，那就是"因为有你"。这个主题非常贴合年会，因为有了员工的努力，才有了公司的发展；因为有了家人的支持，才有了员工的积极工作；因为有了员工的责任心，才有了客户对公司的信赖；因为有了大家共同的努力，公司可以才更好地服务社会、让社会更美好。

如果做公司内部的活动方案，预算有限，就很难做到场面宏大，此时就可以思考以情动人。最能打动人的情感有三种：亲情、爱情、友情。我们总能从中找到合适的一种。

1.做方案要思考。例如，究竟什么是一场好的年会？究竟什么是一场好的发布会？

2.亲情、爱情、友情是最能打动人的三种情感，在做方案时可以加以运用。

本节的核心概念是什么？

_____

本节的核心内容是什么？

_____

你学习本节的收获是什么？

_____

你参加过哪些活动？

_____

活动中的哪些环节打动了你？

_____

假如做年会，你会怎么写方案？

_____

✛ 歌友会方案：

张靓颖千人歌友会如何做到千万级影响力

歌友会算是一个大型的活动，一般会有上千人参加。相对于一般的年会、发布会、招商会等，歌友会算是参加人数比较多的活动，但与演唱会还有一定的区别。演唱会是巨大型的活动，动辄上万人甚至几万人参加。

歌友会、演唱会等活动有明显的特点，那就是现场气氛热烈，参加人数多，所以需要加强安保，毕竟安全是第一位的。这类活动的另一个特点是都是商业活动，需要扩大宣传，提高影响力，否则会有比较大的损失。

有一年，我接到中国移动的订单，要做一场张靓颖的歌友会。假如是你接到这个订单，会怎么做方案呢？我当时先去了解歌友会的基本情况。基本情况是中国移动打算在大学城的体育场举办歌友会，预计有 2000 多人参加，目的是提升品牌影响力，预算是 90 万元。根据这些，我开始写方案，告诉客户我是打算如何做这场歌友会的。

方案包含了策略和具体的执行细节。对于世界 500 公司来说，写方案最重要的策略就是如何把活动做得与众不同，做到传播效果最大。

当时，我就思考一个问题，歌友会的本质是什么？难道就是很多人来听唱歌吗？如果是那样，应该叫听歌会才对。后来，我的结论是歌友会的本质是歌星和歌友之间的互动。就像同学会是同学之间的一场交流，老乡会是老乡之间的一场交流，歌友会不就应该是歌星和歌友之间的一场交流吗？

歌友会可以增加歌星和歌友之间的理解，加深彼此的感情。从歌星的角度来看，她（他）希望歌友对自己更了解；从歌友的角度来看，他们也希望对自己喜欢的歌星有更多了解。因此，加深双方的互动和理解才是歌友会的真正价值。

一场 2000 多人的歌友会应该如何互动呢？如果是你，你会用什么策略？我想了 3 个主要的互动方式。

1. 征集歌迷

当时，我在网上征集 200 个张靓颖的歌迷，很快就有 4 个歌迷团报名。在歌友会召开之前，歌迷在网上发表言论，说要主动维护现场秩序，并表示张靓颖是非常努力的女孩，大家既然喜欢她就不要做干扰现场的事情。看到这些言论，我觉得粉丝就像歌星的亲人一样。歌友会还没有开始，就已经产生了互动。

歌迷的身份很特殊，对歌星非常崇拜，而且会处处维护歌星的名声，到处宣传歌星的优点。对这些歌迷，我们不收他们的门票，还会安排他们坐在和张靓颖靠近的位置，比第一排还要靠近。我们还为他们准备了手举牌、荧光棒、口哨等。他们非常能够调动现场氛围。

2．赢取合影机会

只要在微博上发布评论，就有机会赢取与张靓颖合影的机会。与明星合影对很多人来说是一个极其难得的机会。我记得当时合影时，有歌迷非常关心地说："你经常到各地演出到很晚，会不会很辛苦？我们非常喜欢你，你一定要注意身体。"有了歌迷的关心，张靓颖也很感动。其实，歌星也有很孤独的一面，他们每年要到各地去演出，非常累，压力也很大。因此，歌星要的不仅是歌迷对自己的崇拜，也需要理解。

"我很崇拜你，请给我签个名！"

"我很喜欢你的歌，想跟你合个影！"

这些属于表层的喜欢与崇拜。歌星也需要深层的理解与关怀，需要歌迷理解他们作品表达的内涵与情感。歌迷把对这个环节的感想发到微博上，这样，一个原本 2000 人参加的活动，通过微博影响到了 1000 多万人。

3．制造氛围

很多人都认为制造氛围就是准备荧光棒、口哨之类的道具。其实，真正能够调动情绪的是流程的设计。我为歌友会设置了 3 个小高潮和 1 个爆点，即通过主持人与张靓颖交流创作歌曲的过程、歌曲想要表达的内涵、创作的艰辛，让歌迷充分理解歌曲，对歌曲表达的思想感同身受，当一步一步把情绪调动起来后，让张靓颖以最激情的方式把歌曲唱出来。当时，歌迷接连不断地送鲜花，把荧光棒、口哨全都用上了。

很多电影都采用这种做法，好莱坞大片、韩剧、日剧都会通过一波三折的剧情调动观众的情绪。歌友会也是一样，如果想要做好，就把自己当作导演，去策划一波三折的起伏环节，去操盘这个活动。

策略想好了，接下来就要考虑如何通过歌友会带动中国移动的业务销售了。客户做商业活动方案不是为了替明星做广告，也不是为了热闹，而是要创造经济价值。

我想了 5 种营销方式：充话费送门票、征集歌迷赠门票、粉丝在微博留言奖励门票、订阅移动数据业务抽取门票、大客户赠 VIP 票。这 5 种营销方式不仅带动了业务销售，还维系了大客户，激发了粉丝在微博互动的积极性。

做商业活动，营销方式虽然不必多，但要考虑覆盖面的问题，即不要遗漏或偏向一部分客户。

之后，我用了两天的时间，依然是按照"4 步极简撰写法则"写好了方案。一个商业项目的执行，做好方案仅仅是第一步。

第二步就是与客户沟通，把方案讲给客户听，征得客户的同意。这里非常值得注意的地方是，如果你讲得好，客户认可了方案，就可以很快执行；如果你讲不好，你面临的就是修改方案，有时会修改很多次。一个活动原本只有 2000 人参与，现在通过几个策略能够影响到 1000 万人，客户一下子就认可了。

很多人在做方案时，都会抱怨自己被客户"虐"，其实这主要是因为没有好策略和沟通技巧。我最开始做方案时，也是经常被客户"虐"，但每一次被"虐"都是成长的机会，正所谓"客户虐我千百遍，我待客户如初恋"。

客户认可了，就可以开始第三步了，那就是现场布置。

我们提前两天开始布置舞台、化妆间，准备好椅子、宣传海报等物料。根据现场的大小，我们搭建了一个长 20 米、宽 8 米、高 0.8 米的舞台。很多新手对舞台的尺寸没有概念，其实可以多去几次现场见得多了自然就知道了。

在进行现场布置时，我们需要一个工具，那就是物料表。这个工具非常重要。所以方案的第四部分就是执行表。我们需要拿着物料表去核对每一项物料，准备完毕的就打钩。

记得有一场歌友会，我虽然准备了足够数量的麦克风，但其中有一个突然坏掉了。幸好我的同事带了专用的麦克风，否则就会手忙脚乱。

第四步是现场执行。现场执行也有两个非常重要的工具：人员分工表、活动流程表。我们需要按照人员分工表做好各个岗位的分工，如安保、检票等，这样可以确保现场井然有序，不出问题。流程表的作用是控制演出的节奏，这个表需要分发给音响师、主持人、演员。在现场，我们需要站在舞台的侧面，紧紧盯住现场，这样才能保证整个活动非常顺畅。

实用小贴士　✛

　　1．好的方案要抓住活动的本质，做好策略。

　　2．商业活动方案一定要考虑最大化传播效果，让更多的人知晓。

　　3．商业活动的营销策略要广泛覆盖客户群体。

本节的核心概念是什么？

_____

本节的核心内容是什么？

_____

你学习本节的收获是什么？

_____

你参加过哪些歌友会或演唱会？

_____

这些歌友会或演唱会的哪些环节打动了你？

_____

写出 3 条你做商业活动方案的传播策略。

_____

✛ 个人品牌打造方案：

从 0 开始，8 个月收入百万元

成晓红自幼酷爱学习。她曾在某国际引荐组织就职，负责广州区域的事务组织。在就职期间，她学习了管理、营销、人脉关系、演讲、系统盈利、企业文化、资源整合等知识和技能。

可会这么多东西的她，月收入刚刚过万元。她一直苦恼于如何提高自己的收入水平，虽然 6 年前就想要成就个人事业，但始终没找到具体的努力方向。她知识储备量虽大，但面对如何规划自己的事业却毫无头绪。后来，机缘巧合，她遇到了规划师柳燕，柳燕帮助她成功打造了一套建立个人品牌的方案。利用这套方案，成晓红仅仅用 8 个月就有了收入突破百万元的傲人成绩。

在成晓红建立个人品牌的案例中，有几个关键做法。

1. 引爆技能，规划事业蓝图

很多人表面上虽然听过很多课程，看过很多书，但只是在学习，而没有规划"事业蓝图"的意识，最终导致无论学了什么、做了什么，都没有结果。殊不知，能成就大事业的人，都是早早地规划了自己的"事业蓝图"的人。

成晓红在这方面就做得很好，她满怀事业心，一直有规划自己的"事业蓝图"的意识。

柳燕在给成晓红规划方案时，先问了成晓红的情况，得知成晓红会十多项技能。

柳燕告诉成晓红，先要为"事业蓝图"选定一个方向。

成晓红说："想要先砍掉一些，留下三件事情，分别是……"

柳燕说："不要留三件，只留下一件。"

成晓红听完非常迟疑，担心如果只选择一件事情，别的技能会被浪费，而且万一这一件做不成功会功亏一篑。

柳燕却告诉她，只有将全部的力量集中在一点，才能实现爆发，这是"事业蓝图"的第一步。最重要的事情永远只有一件。不是做更多事才能赚更多钱，而是把一件事情做透彻才能更赚钱。等有了一定的成绩，再进行"事业蓝图"的第二步，在这之前只做一件就够了。

成晓红听后若有所思，点点头，问道："选择哪一件事情呢？"

柳燕说："我们一个一个看。首先你要把管理和企业文化这两个技能砍掉。中国的中小企业有几千万家，但大部分不愿意付费在这两点上，他们愿意付费的是直接给企业带来业绩的技能。只有那些有一定规模的企业才愿意花大量的钱做企业文化建设，还愿意花钱请管理顾问公司。但是，他们只会把钱给有名的咨询公司，个人创业者很难撬动这样的大公司，所以，直接砍掉。"

成晓红点点头，表示赞同，柳燕又继续给她分析。

"营销、销售培训显然也不是最佳选择。虽然这两项技能市场需求非常大，而且90%的中小企业都需要，但是，我们做定位的时候，不是只从'市场需求'来看，最重要的是'自我角度'。"

成晓红经过两个多小时的自我角度测试，发现这两个技能果然不是最佳选择，于是果断放弃了。

很多人看到赚钱的事情就会扑过去，以为别人能做自己也能做，但如果对自我角度分析不够，就会在错误的道路上拼命狂奔，眼看着别人大把大把赚钱，而自己辛劳数年一无所获。

成晓红的思维非常敏捷，一经过分析，她就看到了这一点，所以果断放弃了。

之后成晓红说她最擅长的是系统盈利，就是帮助企业用一整套盈利系统提升业绩。这是一项综合技能，是很多中小企业都不具备的，而中国有几千万家中小企业，市场非常大。

柳燕听了，却果断说："不合适！"然后将原因列下来给成晓红看。第一，中小企业对此认知太低，个人创业者不应去做教育市场的事情；第二，做起来难度比较大，需要有高质量团队一起完成；第三，大型企业对此事有认知度，但他们会选择有知名度的机构。成晓红看完，点点头，同意放弃。

柳燕继续说："剩下的是人脉关系、资源整合和演讲。人脉和资源算一个加分项，但不能算一个长久的生意，也无法为长期发展累积资产，也果断放弃。你可以选择的是演讲。"

成晓红非常意外，觉得自己的演讲能力还不够，但接触过很多很厉害的演讲老师，还报了两个老师的课程。

柳燕告诉她，演讲也有不下十种类型，成晓红的演讲和他们的演讲并不是一回事。成晓红说的那两个老师柳燕都认识，其中一个是做职场演讲培训的，培训的主要对象是公司白领，主要内容是演讲技巧和沟通技巧，负责帮助客户实现职场提升；另一个是做销售演讲的，主要靠营造现场热烈的氛围实现成交。

"这两个演讲老师做得都很好，但是和你的风格完全不同，你有三个优势。"

柳燕打开电脑，在电脑上用一张图将成晓红的优势展现出来，如图 4-1 所示。

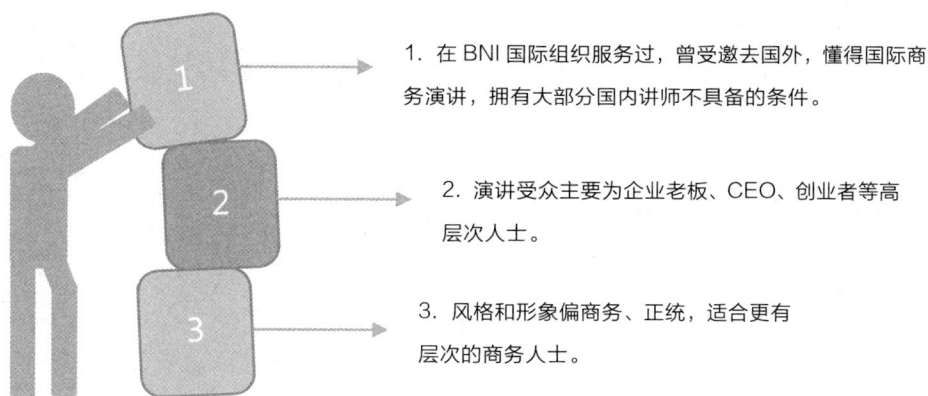

1. 在 BNI 国际组织服务过，曾受邀去国外，懂得国际商务演讲，拥有大部分国内讲师不具备的条件。

2. 演讲受众主要为企业老板、CEO、创业者等高层次人士。

3. 风格和形象偏商务、正统，适合更有层次的商务人士。

图 4-1　成晓红的个人优势

见此，成晓红立即精神大振，说："在这些方面我确实有很大的优势。"

柳燕却提醒她："定方向是人生战略性抉择，岂能轻易？若真是这么容易，就不会有那么多人在错误的道路上狂奔了。"

柳燕又和成晓红做了两件重要的事情，分别是正推和反推。正推是推演这个定位的未来的收益和市场前景，反推是推演选择这个定位的成晓红能否走上制高点。经过正推和反推都没有发现问题，于是，成晓红最终确定了演讲是其个人品牌的方向。

在定位结束后，柳燕开始指导成晓红用最少的代价来传播这个定位。

首先，为了凸显成晓红和别的演讲老师的不同，需要她在个人品牌名中增加一个重要的词——CEO，组成"CEO 演讲老师"。这很符合成晓红的格调。

其次，成晓红的人脉和资源在这个时候就能派上用场。通过这个"CEO"定位，能将成晓红的其他技能和资源整合起来。

最后，是提升价值感。提升价值感需要选择个人品牌后缀词，如老师、导师、顾问、咨询师、教练等。

成晓红在这些词中选择了"教练"，因为教练这个词更加符合演讲的调性，能把她做演讲这件事的价值感体现出来。最终，成晓红的个人品牌名称变成了"CEO 演讲教练"。

"CEO 演讲教练"简单明了，一句话就把个人品牌的"目标群体、专业和价值"全部讲出来了。成晓红在向别人介绍的时候，无须第二句，别人就知道她全部的价值，非常有利于个人品牌的传播。

2．规划产品体系和成交体系

在帮助成晓红将个人品牌定位为"CEO 演讲教练"后，柳燕告诉她，下一步就是如何开始赚钱了。成晓红需要做详细的产品规划，将保证产品的内容逻辑、与客户保持互动、确保课程质量的方案和策略制定出来。尤其是成晓红的产品包含线上与线下的内容，因此需要将线上特质和线下特质全部考虑到。

成晓红的演讲课程第一次发售持续了两周，两周便招募了 85 个学员，收入突破了 10 万元。

在庆功宴上，成晓红跟柳燕说："那时啊，我心里想着只要招募 15 个学员就行。在发售产品的当天上午，我由于紧张，还给父母打电话说了自己的担忧，后来才知道父母还托朋友悄悄地购买了两单。"

在第一次演讲课程结营的时候，成晓红以为按照常规进行结营仪式就可以了。但柳燕在结营仪式前跟她做了一次复盘，然后帮她策划了另一个 1 万元的产品，在结营仪式上发布。

当时成晓红又开始担心起来，说："1 万元的产品会有人愿意买吗？"

柳燕胸有成竹地说："当然会有，就看你如何策划 1 万元产品的价值了。"

结果才用了一天半，成晓红就收款 12 万元。两周后，她完成了 20 万元的收款，直到第 8 个月，收入终于突破了 100 万元，达到了她的目标。

3. 将“事业蓝图”扩大 100 倍

一切都进展得非常顺利。面对这样的成功，成晓红没有沾沾自喜。她想得依旧是如何把个人品牌做得更大。柳燕告诉她，想把自己的力量扩大100 倍，就不要让自己的能力被限制住，可以成立演讲学院，把自己复制100 倍出去。

成立演讲学院不能空喊口号，而要让其落地，利用自己的人脉和社会资源在传播上做好布局。

成晓红问柳燕：“假如是你，你将如何给自己的公司取名字呢？”

柳燕说：“直接用‘晓红’这两个字，将个人与机构合二为一，降低传播成本。”

柳燕又思考了一下，改口说：“你一直在国际组织工作，有 30 多个国家的人脉资源，也曾受邀去过几个国家演讲，那么你就要把这种‘国际’资源充分利用起来，将名称定为‘晓红国际演讲学院’。”

成晓红在打造好个人品牌并获得成功后，没有盯住赚钱这个目标，而是回到“让中国的企业家，站在世界的舞台上”的愿景上，将它做成了一份属于自己终生的“事业蓝图”。

本节的核心概念是什么?

_____

本节的核心内容是什么?

_____

你学习本节的收获是什么?

_____

请你给自己设计一个多维度的包装。

_____

你会如何围绕自己的包装去努力?

_____

请你为自己写一个合格的自我介绍。

_____

✛ 个人传播方案：

构建自我传播的矩阵，百倍放大你的价值

很多猎头都喜欢找名牌大学的毕业生、世界 500 强公司的高管去私营公司工作，工资高出几倍都不成问题。在这些人中，有的甚至还可以成为创业公司的联合创始人。事实上，大部分人都不是名牌大学的毕业生，也不是世界 500 强公司的高管。

如果没有这些资历，你也不必担忧，可以充分利用自媒体矩阵扩大自己的影响力——当别人在网上搜索你的名字时，就可以知道你做了或做过什么事情。

我认识一个做互联网培训的讲师，之前不是专业人员，也不是讲师，只是一名普通的员工。他之前的工作是网络营销，还不是最新的自媒体营销，工资也不高。但短短两年的时间，他的收入提升了 10 倍，一天的课时费是 1 万元到 2 万元，每月讲 15 天课。由于忙不过来，他还把课分给别的讲师，他从中赚取差价。后来，他又成立了一个讲师经纪公司。

他是如何做的呢？在做讲师之前，没有人知道他，而没有知名度就不会有业务，所以他想通过构建一个自媒体矩阵来宣传自己。这个方法不是做自

媒体增加收入，而是通过自媒体宣传他自己。

他开通了各种自媒体的账号，除了微信公众号，还有微博、头条号、百家号、一点资讯、QQ公众平台、大鱼号、搜狐号、凤凰号（现称为大风号）、简书等。

头条号是今日头条建立的一个自媒体，和微信公众号有很大不同。微信公众号的大部分粉丝是通过朋友圈来的，如果只写文章不去推广，可能连一个粉丝都没有。但头条号不一样，即使没有粉丝，只要头条号检索发现好文章，也会把这篇文章推送出去。这样可能有几万人甚至几十万人阅读，文章的作者就可以被很多人知道了。

在头条号上，如果文章好，更新次数又比较频繁，还可以获得补贴。很多人通过在头条号上发文章，每月能拿到几千元的补贴。

我认识的那个讲师就建立了几十个自媒体账号，不断写文章发出去。这样一来，只要别人搜索他的名字，就会看到很多网站都有他的信息和文章。百家号的文章会被百度收录；搜狐号的文章会被搜狐网收录；头条号的文章会被今日头条收录，有时也会被百度收录。

后来，他又在中国讲师网、中华讲师网注册信息，于是就有很多人通过这两个网站搜索到他。如果你想找讲师，会怎么做？当然要先了解这个讲师，这样就肯定会去搜索他的信息。如果通过搜索，你发现有很多网站都报道了这个讲师，你就会很信任他。其实，这些文章大多是他自己发的，而且都没有花钱。

1．收入与影响力：收入与影响力成正比，影响力越大，收入越高。

2．自媒体矩阵是普通人免费放大影响力的最佳途径。

本节总结

本节的核心概念是什么？

_____

本节的核心内容是什么？

_____

你学习本节的收获是什么？

_____

本节互动

你有哪些专长可以写出来？

_____

你想让自己的影响力放大多少倍？

_____

请你今天就注册 5 个自媒体账号。

_____

第 5 章

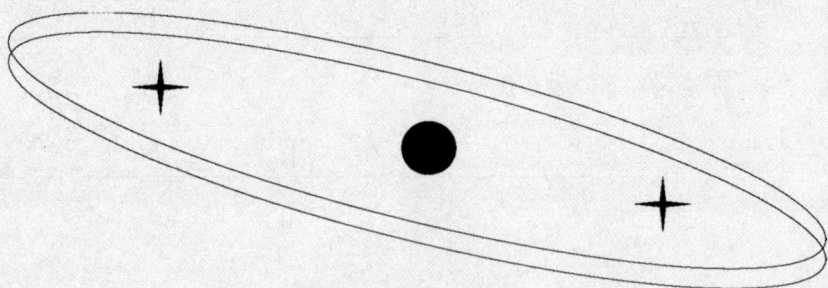

高阶思维篇：
进阶年入百万元的方案达人

✚ 底层逻辑：

掌握底层逻辑，做任何方案都游刃有余

很多新手在写方案时，总是希望自己的方案能够一鸣惊人，于是，不断在创意上下功夫，即使通宵也要把 PPT 做得让自己满意，把设计稿做得极具想象力。等到做完以后，他们会对自己的方案非常满意，觉得自己非常厉害。

在刚刚学习写方案时，我也犯过这样的错误。我会为了一个 PPT 加班到很晚，也会为了图片应该向左一点还是向右一点就纠结很长时间。当时，我总是考虑很多，想把方案写得非常酷炫，非常高大上。但当我给客户讲方案时，成功率其实一点也不高。这样做的结果就是，我写了很多方案，但只能保存在电脑里，无法被执行。

有时，我发现客户对我很尊重，说："王一九老师，你的方案写得很好，但我们目前可能没有条件执行。"当听到这句话时，我就会想到女孩们经常说的"你很好，但我们不合适"。客户没有采用你的方案，一定是你出了问题，基本没有别的原因。

相信我，只要你的方案足够好，客户就会买单。

后来，我操作的项目多了，对方案所能产生的效果也越来越有把握。例

如，我的方案曾经帮助客户多收益 1 亿元，而且是在客户想要增加的销售额的基础上多 1 亿元；我给张靓颖的歌友会做方案，本来预计影响 2000 人，结果影响了 1000 多万人。

如果你对自己的方案非常有把握，就可以直接告诉客户，必须这样做，而不是应该这样做。后来，我开始反思，之前，我写的方案内容很多，客户不认可；后来，我写的方案非常简单，没有那么多花招，却产生了那么好的效果，这究竟是为什么呢？一定有一个根本原因。

这就是方案高手应该掌握的一个底层逻辑：求本质。方案就是用来解决问题的。我再说一遍，方案的本质就是解决问题。

很多新手的方案是怎么做的呢？例如，老板想做一个开业庆典，新手会围绕着如何做一个完美的开业庆典进行思考，或者围绕着如何做出有创意的、绚丽多彩的开业庆典进行思考。他们认为，只要能做出有创意、有新意的活动，老板就会非常满意。

但其实，老板根本没有把这个问题当成重点来思考。老板永远在想，开业庆典会有多少人参加？会有多少人买单？会有多少人成为 VIP 客户？开业后这些人会不会经常来消费？一个月能赚多少钱？这些问题都关乎老板的利益。

如果你在做开业庆典之前明确地告诉老板如何通过开业庆典把更多的客户留住，让生意一下子好起来，那他一定会仔细地倾听你的方案。

有一次客户跟我聊天，他说："王一九老师，我们公司有一个产品马上要上市了，产品很好，开业庆典也做了，但销售情况很一般，您能不能帮我们做一个解决方案？"由此可见，客户要的是解决方案，是获取客户、产生销售额的策略，而不是创意本身。

如果客户这样表达："王一九老师，我们公司的开业庆典结束了，效果非常好，但产品的销售情况很一般，您能不能帮我们写一个 PPT 或帮我们想一个好的创意？"相信我，基本不会有客户会提出这样的要求。

所以，方案从来都不是表现你有多么厉害、多么有创意的。如果你的方案抓住了本质，能够帮助客户解决问题，哪怕只有一页 PPT，客户都会买单。反过来，如果你的方案不能帮助客户解决问题，即使 PPT 做得再丰富、再好看，客户也不会买单。

既然知道了方案的本质是解决问题，那么问题是什么呢，怎么样才算解决问题呢？方案要解决的最大的问题就是，能不能帮助客户赚钱或有利于客户赚钱。我们所做的 99%以上的方案都是商业方案，商业方案就是用来帮助客户获得更丰厚的利润的。

如果有机会，我建议你多去参加一些活动，因为你参加了很多活动就会更有感觉。请相信，参加一次活动会比你坐在办公室里想 10 个方案都更有感触。

本节的核心概念是什么？

_____

做方案要掌握的底层逻辑是什么？

_____

你学习本节的收获是什么？

_____

你以前对做方案有什么认识？

_____

对照底层逻辑想一想你过去跳过"坑"吗。

_____

今后做方案时你会怎么做？

_____

✚ 用好 1%法则:

快速成为细分领域的方案高手

高手和平庸者的差别有时仅仅只有 1%。高手也许并不比平庸者聪明,但高手往往是从 1%开始进入状态的,无论刮风下雨,无论天阴天晴,总是持之以恒。

我在刚开始写方案时有无法动笔的问题,总是想很多,把所有的策略都考虑一遍,甚至在纸上把各种可能性都写下,但就是下不了笔。

所以,我经常在客户催着明天要交方案时,才开始动手写。而一旦我开始写方案,就进入身外无物的状态,眼前只有电脑屏幕,只有光标在跳动,再也听不到别的声音。有几次,我居然写到晚上 11 点多,被同事锁在办公室里了。过了很久,我才如梦初醒。

有一次去投标,我看到一个竞争对手在现场还在修改方案。

我问他:"你的方案还需要修改吗?"

他回答:"我现在还没有写完。"

我问:"为什么呢?"

他说:"之前不想写,希望可以拖到最后一刻。"

从那次以后,我就明白了,原来无法进入状态的不光我一个人。我在想,如果我能提前把方案写好，就有更多的机会修改，还可以多看几遍，去查漏补缺。那么，我要如何才能尽快进入写方案的状态呢？后来我终于找到一种方法：先选好 PPT 模板，再写好标题。

这种方法果然有效，不是因为我写好标题就能写好方案，而是因为我在写标题的过程中，已经逐渐进入了写方案的状态。人一旦进入一种状态是很难从这种状态转移到另一种状态的。尤其对于从事书写工作的人来说，只有先开始，才会产生一定的结果，而这个结果又会促进下一步的工作。如此，你会发现你的方案已经进入了第二个乃至第三个部分。

原来我不知道这是为什么，直到我看到一本书叫《1%法则》。后来，我才明白，"开始"是一种行动的力量。"开始"就会产生"结果"，"结果"促进"行动"，这也是大脑的一种运行机制，如图 5-1 所示。

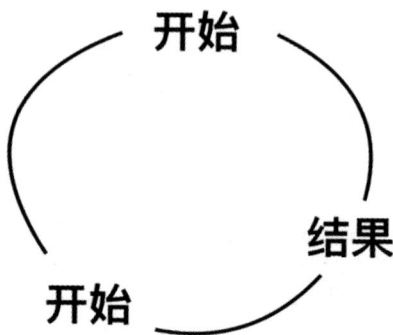

图 5-1　开始与结果的循环关系

无论做任何事情，只要开始 1%，剩下的 99% 会自然而然地完成。例如，一旦你开始看一部电视剧，就会静下心来看完，哪怕是一部 50 集的连续剧，你也会看完；一旦你开始写方案的第 1 页，剩下的 99 页也会很快完成；一旦读完书的第 1 页，你就会接着读剩下的 99 页。

当已经思考了很久都无法动笔时，最好的方法就是坐下来，让自己安静，打开电脑，开始写方案的名称，然后按照"4 步极简撰写法则"整理目录。用几分钟的时间，你可以让自己的大脑逐渐进入一种状态，而这种状态会帮助你调整方案的逻辑。

有一次，我和一个朋友讲述"1%法则"。我说："一旦你读完书的第 1 页，就有可能读完 100 页。"她跟我说："一旦读完书的第 1 页，我就会睡着了。"她是一种典型的厌倦读书的人，没有读书的习惯。

要想培养一种习惯，非一日之功。但"1%法则"对于培养一种习惯非常有效。

那么，具体应该怎么做呢？

如果你想做一件事情，先从 1%开始，然后每天改善 1%，坚持 30 天，如图 5-2 所示。记住，不要让自己的压力太大，否则大脑神经元无法接受。

先开始1%+每天改善1%+坚持30天

图 5-2　1%法则

你应该用微小的行动改变习惯，而不可以一次列下几个很大的目标，因为大脑是无法接受几个很大的目标同时进行的。之所以用 30 天，是因为 21 天会形成一种习惯，30 天会让这种习惯有所增强。因此，我建议大家拿出一部分时间给自己列一个 30 天计划的表格贴在墙上，每完成 1 天就打一个勾。

　　写方案也一样，当无法下手时，你可以先从 1%开始。当然，思考方案也一样，一旦你习惯了用"分析—策略—规划—执行"的方式去思考，那么无论遇到任何方案，你都会习惯性地这样思考。万变不离其宗，这样可以让你轻松地应对任何方案。

本节的核心概念是什么?

_____

为什么要用"1%法则"?

_____

如何运用"1%法则"?

_____

你以前是如何开始写方案的?

_____

你以前是如何制订计划的?

_____

请你根据"1%法则"给自己制订一个计划。

_____

✛ 斜杠收入变现：

互联网时代的多种变现玩法

现在真是一个很好的时代，无论我们在什么地方，都可以通过互联网获得第二份乃至第三份收入。可以说，互联网为我们提供了很多种个人价值变现的机会。

我跟大家分享一个案例。我有一个朋友叫叶小鱼，是去年在一个会议上认识的。她原来是新一佳连锁超市的一个营销人员，写了几年的文案，对写文案有很深刻的体会。她想通过兼职提升自己写文案的水平，然后不断告诉身边的朋友她要做这件事情。与此同时，她还开通了微信公众号和头条号来宣传自己，以使自己被更多的人知道。

有一次，一个饭店的老板找到她，让她帮忙修改菜单。我们都知道，菜单是很简单的文案，但她依然很用心地做。做完之后，老板觉得非常好，就尝试让她长期给饭店写文案。每当节日促销、新品上市时，老板就找她帮忙，这样，她就获得了第一份职场以外的收入。

后来，通过朋友介绍，她认识了一家休闲女鞋公司的经理李总。李总请她帮忙写一个促销文案。结果促销的效果很好。于是，李总就每个月固定给

5000 元请她兼职写文案。这样一来，她就有了两份职场以外的收入。

再后来，她就到处去参加课程，希望进一步提升自己写文案的水平。但参加了很多课程，她感觉收获都不是很大。于是，她就想，为什么不自己做一堂课，去帮助那些新手写文案呢？

没过多久，她就自己写了一个招收学员的文案：39 元的高性价比课程，只招收 30 个学员。她把这个文案发到了微信群内，结果有 70 个人报名。就这样，她开始了第一堂课。

她很用心地做课程，学员们很有收获。不久，一个客户找到她，让她帮忙写文案。她没有自己写，而是安排学员来写。等学员写完之后她再修改，这样不仅解决了兼职的问题，还为学员提供了实习的机会。有时，她还会把收到的费用分给学员一部分。

去年，她开始开设自己的微课，刚开始，学员不多。但今年，她已经开设了几堂微课和一个训练营，而且这个训练营还被腾讯课堂看中了，被推荐到腾讯课堂的首页。

现在，她已经辞职了，专心做自己的课程，一个月的收入已经超过 10 万元，相当于过去收入的 10 倍以上。就在我写这本书时，她还注册了自己的文化公司，开始专职做知识付费项目。前两天，她说希望可以和我合作做课程。

我向她请教："你对想做或正在做兼职的人有什么建议？"

她说了两点：

第一，先不要考虑收入的事情，只要有兼职就去做，就当作是给自己的锻炼；

第二，不断推广自己，有时间就多写文章，这样才能不断提升自己的影响力。

这是我身边的真实案例，我自己也这样做过。我之前也经常帮助客户写一些营销方案和品牌方案。最初，我不太关心收入的问题，但当我不断写方案，并将方案努力写好时，身边的人就会介绍更多的客户给我。

从 2011 年开始，我通过兼职为客户写方案，写一个方案收费 2 万元左右；到 2013 年，我的一个方案已经价值 10 万元以上。我在微课中也说过，我每写一个方案可以收费 12 万元，多的时候会收费 20 万元。

对此，有个学员心存质疑，觉得我说的是假的，会误导大家。我说的并不是假的，而且在咨询领域，一个方案收费 12 万元已经是比较低的价格了。如果找知名的大型公司做方案，一般会按照 1 年 300 万元收取费用。相比之下，找个人写方案是非常合算的事情。

不管你有什么技能，如果想通过兼职赚取第二收入，开始时都不要期望太高，可以先从几百元、一两千元开始。我最初做兼职时，写一个方案也只收几百元。

我把获得职场以外的收入的方式分为 3 种。

◆ 靠知识

通过写方案、教英语、做设计、开发软件、做小程序等兼职，你会比较容易获得职场以外的收入。有时，我也会请兼职设计师为我做设计，一般一个设计稿收费 2000 元左右。

此外，你还可以通过知识付费变现，获得职场以外的收入。

最近两年，在网上开设课程的人大多是普通人，而且各种各样的课程都有。我就认识很多开设课程的老师：端银老师做了朋友圈课程，他是我团队的成员；叶小鱼做了文案课；我还有个朋友做了一堂课教大家如何更好地搜索到自己想要的资料。此外，还有人做收纳整理课、社群营销课、读书课等。

有一个老师更奇特，想在网上开课，但没有特别的技能，于是就去买书学习做思维导图。结果不到两个月的时间，他就开设了一堂思维导图课，赚了 100 多万元。当他和我讲这件事情时，我非常吃惊，因为我觉得他的想法非常特别，即便在没有条件的情况下，仍然能创造条件。

想一下，是不是有很多知识，你也可以通过一两个月的时间学会甚至学精通，然后通过各种方式获取第二收入？

◆ 靠技能

例如，你会瑜伽、健身、做手工饼干，喜欢做菜、整理房间等，这些技能都能够通过兼职变现。

我有个师姐在瑜伽馆做瑜伽教练，平时非常喜欢做手工饼干。最开始，她只做给自己的小孩吃，使用的都是非常好的原料。后来，她身边的朋友觉得饼干非常好吃，就向她购买。

有一天，我去她家做客，发现她家有 4 个很大的烤箱，就是为客户做饼干的工具。她做的饼干价格为 200 多元/千克，经常供不应求。后来，我也成为她的忠实客户。

之前，深圳的一个社区做活动，就请她教大家做饼干。有一次我去参加了，发现社区的宝妈、小孩子都非常喜欢参加这个活动。后来，她经常给一些社区做活动，每次收费 5000 元。一个瑜伽教练居然可以通过这种方式赚钱，真是不可思议。

◆ 靠资源

以前我做兼职时，联系了不少广告公司的业务员，让他们帮我介绍客户，然后给他们一定的佣金。一般来说，他们介绍一个客户给我，可以分到 3 万元到 5 万元，最少也能分到 1 万元。这其实就是因为他们掌握了资源，可以通过分享资源赚钱。

我为客户做营销方案，经常会涉及媒体推广，所以需要为客户推荐媒体。于是，我就向深圳的一家媒体公司的业务员要媒体信息，他每次都会帮我整理得很好，并告诉我在新浪、百度、头条、微信公众号做推广需要花多少钱。此外，他还帮我整理文章、做排版。

所以，我每次都让客户找他做媒体推广。做媒体推广的成本比较高，有时要几十万元。他通过自己的资源获得了不错的收入。

如果你在农村，其实也有不少资源。例如，农产品资源，尤其是特色的农产品资源都可以用来变现。你不需要对农产品进行加工，可以直接打包，然后通过微信等途径销售。

那么，在知道了这 3 种方式以后，应该如何去做呢？我觉得可以分为两个步骤。

◆ 第一个步骤，把自己的知识、技能或资源变成产品

想好自己要做什么产品。不管是知识、技能还是资源，都可以当作产品销售。你要想好自己的用户是谁，这一点至关重要。

知识和技能本身不是产品，只有将它们做成一门课，它们才可以变成产品。例如，会瑜伽不是产品，但如果把它变成瑜伽私人训练课，它就是产品。我有一个朋友就专门做瑜伽私人训练课，每节课 1 个小时，收费 600 元。我的这个朋友就把会瑜伽变成了一个产品。

◆ 第二个步骤，建立推广渠道

推广产品要从身边的人开始。如果你是设计师，就告诉身边的人，你能帮助他们设计海报、设计淘宝详情页、设计网站；如果你会做饼干，就拿出自己做的饼干给朋友试吃，告诉他们你的饼干用的是什么原料，是非常健康的食品。

我从 2009 年开始做兼职，帮助客户写方案，起初就是依靠广告公司的业务员帮我介绍客户的。当时还没有微信，我就在招聘网更新自己的简历，把自己做的最新的方案展示出来。

后来，有一家广告公司的老板看了我的简历后找到我，问我能不能去他那里上班。我拒绝了，然后他提出让我帮他写方案。在帮他写第一个方案时，我并没有收取费用。那个方案是一个投标文件。后来他投中了，很开心，给我一台苹果笔记本电脑。从此之后，他就经常找我写方案，一般一个方案会给我一两万元的报酬。

现在有更多的推广渠道，如微信、头条号、抖音等。我在前面讲过，要给自己构建一个自媒体矩阵。

下面我来总结一下，获得职场以外的收入的方式：

一是靠知识；

二是靠技能；

三是靠资源。

还有获得职场以外的收入的步骤：

一是把自己的知识、技能或资源变成产品；

二是建立渠道推广自己。

我想经过这两个步骤，你就可以开启自己的第二收入之路了。不过，在开始时，你一定不要抱怨钱少，只要有客户，就用心服务。这样坚持一年，你一定会有很大的收获。

本节总结

本节的核心概念是什么？

_____

斜杠收入变现的三种方式是什么？

_____

斜杠收入变现的两个步骤是什么？

_____

本节互动

你以前是否拥有斜杠收入？

_____

你觉得以前的斜杠收入理想吗？

_____

你如何改进自己的斜杠收入方案？

_____

✛ 变现升级：

资源链接变现，成为年入百万元的方案操盘手

现在，很多人都在做兼职，通过写方案、写文案、做设计等赚取斜杠收入。这件事情很多人都能做到，但面临两个难点。

第一，没有办法赚得更多。做一次兼职收入几千元、一两万元已经算很不错了。如果你想要赚得更多，可能就很不容易了。

第二，获得客户的持续性不够，往往一个月只能接到一两个订单。我见过很多人写方案的水平很高，甚至在大型的咨询公司或广告公司做总监，但每年也只有几个客户，收益不高。

但同时，我还发现，有些人可以通过不断提供方案和服务，每年赚上百万元——这个数字一点都不夸张。如果能够赚上百万元，就需要有一定的水平了。这里有一个核心问题，那就是如何找到并搞定客户。

我讲一下我自己通过写方案赚钱的几个阶段。

◆ 第一个阶段，专注某个行业，让别人介绍客户

我通过不同的角度讲我自己的经历，不是要炫耀，而且我取得的这些微

不足道的成绩也不值得炫耀，而是希望大家可以通过不同角度和不同阶段了解别人是怎么做的，以给自己更多启发。

2009 年，我开始做兼职，因为家里的经济条件不太好，总想多点收入。当时，我并没有什么好的渠道，怎么办呢？我们公司有业务员，会和很多广告公司对接，而广告公司经常需要做方案。通过一段时间的相处，很多业务员都觉得我做事情比较靠谱，便会介绍一些客户给我。这时，我会获得一些零散的客户。

还有一些广告公司是通过搜索简历找到我的，因为我的简历上写可以做兼职。我会把我做过的案例写在我的简历上，分门别类地列举清楚，让对方一看就知道我能做什么。我做过最多的就是为通信行业和金融行业写方案。我对这两个行业非常熟悉，甚至比他们公司的员工更了解他们的业务。

◆ **第二个阶段，扩展更多的行业，自己谈客户**

我第一次自己谈成一个 5 万元的订单是在 2011 年。对方是一个广告公司的业务员，自己不懂专业知识，但有丰富的客户资源。他只做设计，所以就把写营销方案的这部分工作让给我做。这时，我需要自己去谈客户，向客户证明自己的能力。

在自己谈客户之后，我发现有更多的利润空间可以挖掘。但这样做了一段时间之后，我发现自己需要更丰富的专业知识。

后来，我到深圳采纳品牌营销咨询顾问公司工作，这家公司是国内顶尖的品牌营销顾问公司，服务的客户多种多样，包括都市丽人、青岛啤酒、黄能太阳能、大象方便面、左右沙发等。这使我的接触面更广，能做出更好的方案。

我专心做工作，提升自己的专业水平。后来有幸做了北京大学品牌营销总裁班的导师，教老板和高管做营销方案和品牌方案。当时，与我接触最多的是中小型公司，营业额在 1 亿元之内，还有的营业额在几百万元。

这些公司让我明白了营销方案的重要性。这些公司有很多好产品，只需要在营销方案和品牌方案上稍有改进，销售额就能提升数倍乃至数十倍。

之后，我开始接订单写方案，我接到的订单大都在 10 万元以上。即使如此，也有很多公司找我写方案，而且我还要从中做选择，不靠谱的订单我坚决不接。这样一来，我每个月只接一个订单，做起来也很轻松，主要是能够保证方案的质量。保证了方案的质量，客户就可以获得更多的收入，就会介绍更多的订单给我。

过去，我经常和朋友吃饭、聊天、聚会、唱歌，但从那时开始，就很少参加此类活动了。因为和周边同一个水平的人无论交流多少，对自己的提升作用都不会很大。于是，我就开始和一些做生意的老板交流。我会想办法快速了解他们的行业，主动为他们提供一些信息、思考一些策略。这样一来，他们也非常乐意和我交往。

◆ **第三个阶段，项目合作**

有一些公司想让我长期为他做咨询，提出会给我一定的股份。我自己也觉得应该这样做，因为做兼职只是一时赚钱，当一个订单做完之后，可能就没有持续的收入了。所以，我就选择老板靠谱、项目也非常有前景的公司作为自己长期的合作伙伴。

接下来，我来总结变现的核心是什么。

◆ 第一，你要有一个擅长的领域

在这个领域，你虽然不需要做到第 1 名，但必须做到前 100 名，然后冲击前 10 名。我最开始主攻的是通信行业，如果在网上搜索通信行业的简历，我的简历是非常突出的，上面有我做过的 100 多个项目，能给人非常强的信赖感。

我有一个朋友专门做餐饮行业的营销方案，他原本的营销能力一般，但经过两年多对餐饮行业的挖掘，掌握了餐饮行业的信息，做了很多餐饮行业的成功案例。现在很多人找他做餐饮行业的方案，他自己还开了公司，专门为餐饮行业服务。如果想要赚得更多，就要有自己的必杀技。

学习做方案也可以从一个点出发，找到自己的必杀技。例如，可以专注做活动方案，专注做运营方案，专注做公司自媒体方案，专注做品牌方案，专注做洗车领域的促销方案，专注做餐饮行业的营销方案，专注做养生行业的运营方案。

一旦你成为一个领域的专家，一定会有很多人找你。

你可能会说，这个必杀技很难练成。其实不然，当服务了几个客户之后，你就会发现其中的规律，即用 1000 个小时足以打破 10 000 个小时的规律。

必杀技不仅让你更专业，也是你向外传播的出口。凡是与你接触的人，都会帮助你传播。这样一来，你就会发现，有源源不断的人找你做方案。

◆ 第二，要与更高层次的人对话

很多人可能都知道，人脉很重要，圈子很重要，那么，如何做到与更高层次的人对话呢？

此时我们就要分析，买方案的人可能是广告公司的业务员，可能是中小型公司的老板，可能是大型公司的总监，可能是面包店的老板，养生馆的老板。他们为什么愿意与你交往，这就是问题的关键所在。

我来和大家分享一个方法，即不断给他们提供营销信息，而不要一开始就谈多少钱写一个方案。我就是如此，即使他们不找我做方案，我也会提供信息和创意给他们。

我有一个朋友与很多高层次的人对话，用的方法是帮他们设计名片。当见到高层次的人时，他会说："您好，我是做设计的，下次我帮您重新设计一个名片。"之后，他就会仔细研究如何做一个更好的名片，然后打印出来赠送出去。通过这种方法，他开发了很多客户，业务也从设计扩展到活动执行、印刷。现在，他已经成立了自己的公司，年收入上千万元。

与高层次的人对话才有机会获得高价值的订单，否则只能做低价值的订单。与高层次的人交往不是请客送礼，也不是奉承，高层次的人身边不缺请客送礼和奉承的人。在面对高层次的人时，你要做的是提供知识、提供信息、以诚相待。你不可以一见到他们就想从他们那里得到什么，而是要思考他们能从你这里得到什么。

本节的核心概念是什么？

_____

变现升级需要哪些方法？

_____

变现升级需要几步？

_____

你目前的变现方式是怎样的？

_____

你打算如何升级自己的变现方式？

_____

请你给自己制订一个变现升级的计划。

_____

第 6 章

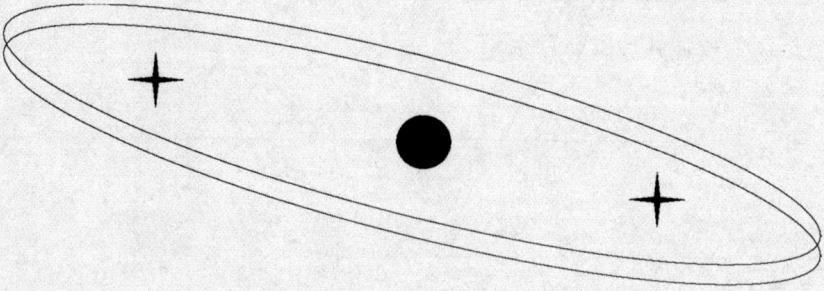

认知突破篇：
引爆你的认知突破

✛ 学习力突破：

引爆你对知识的运用能力

有人看了很多书，上了很多课，能力却没有提升。这是为什么？一个很关键的原因是学习力不够。什么是最有效果的学习？就是你掌握并能够应用学习到的知识和技巧。

前段时间，我做了一次社群发售。在现场，有人跟我说："王老师，我学习了你的方案。"

我问他："既然你学习了我的方案，那你自己写方案了吗？"

他说："还没有，但我已经知道了写方案的逻辑。"

我说："那你距离'知行合一'还很远呢！"

他说："我知道自己还没有完全学会写方案，但我已经很努力了。"

我问他："怎样才是完全学会写方案？"

他说："就是掌握了写方案的方法。"

我和他说："不对，完全学会有两个条件。一是你掌握了所有的方法，二是你也确实可以应用这些方法。如果有一天，你写一个方案可以收上万元甚至上百万元，那才是完全学会。要是你只收 1000 元，说明还差得很远。"

我来举个例子。你学习开车，在书上看到开车的方法很简单，无非就是踩刹车挂挡、踩油门前进、打方向盘转弯等。如果你看完了书，学习了这些方法，能开车吗？显然不能。怎样是完全学会开车呢？你去驾校，和教练学习1个月，可以开车上路，这是刚刚开始学习；你可以开车上高速，这是基本掌握了方法；你开车可以达到120迈，和教练一样应对自如，这是完全学会，也叫知行合一。

然而，如果你看了很多开车的书，但从来没有开过车，那么可能很快就会忘记自己学到的知识，而且对于很多与开车相关的动作，你根本就不知道是什么意思。

前段时间，我看了《奥格威谈广告》。书中提到，写文案要少用"我们""你们"，而要用"你"，这样客户就会觉得你在和他（她）说话，效果会更好。之后，我就做出了改变，如在前面这些内容中就有了很多个"你"。这样你是不是会感觉，就像王一九坐在你面前和你聊天一样。但如果我读了那本书，却什么都没做，就白费时间和精力了。

读书是为了行动，读完了，行动了，也产生了同样的结果，叫知行合一。读了一本书，只要你学会一个动作，就很值；上完一门课，只要你懂得了两三句话的深意，便也很值。如果你学习了知识，没有去实施，就理解不了其中的深意。知行合一就是学习了，实施了，也出结果了。

有人在和别人聊天时，说了很多事，却没有得出任何结果。这是为什么？聊天的方式有两种：一种是围绕一件事说下去，最终得出一个结果，如果没有得出结果，那就继续探讨，直到得出结果为止；另一种是刚开始说一件事情，结果还没有得出来，就马上转移到其他事上，最终就是没有得出任何结果，甚至都忘记了自己要说什么事。

当你和别人说一件事时，对方发现无法得出更好的结果，便开始说其他事，这是典型的"思考厌恶症"。深度思考一个问题，对成就一番事业非常重要。一个人的事业发展水平，在很大程度上是由认知水平决定的，而认知水平的高低，与思考的深度息息相关。

有人学习了很多知识，然后把这些知识转发到朋友圈，或者告诉身边的人，结果成为"知识的搬运工"。如果不对知识进行透彻的思考，那么知识充其量是信息。有人可能会说，虽然我自己不思考，但可以让别人思考，然后我直接把答案拿来用。这是不可能的，当你没有将一个问题思考透彻，别人直接把答案给你时，你是很难接收的。一个人能接收的知识的深度，只会比自己思考的深度低，而不太可能超过自己思考的深度。

大脑不喜欢思考，所以很多时候，深度思考与大脑的运行机制是相悖的。不过，深度思考是成就事业的必要条件，如果你想让自己的事业更上一层楼，就要不断练习对一件事或者一个问题的思考深度，进而形成习惯。

那么，如何才能深度思考，消除"思考厌恶症"呢？一个比较好的方法是找到思考的路径，不做思考的逃避者。很多人为了逃避思考，愿意做任何事。

我以前有个同事在写方案时，经常找不到好的创意。但是如果领导或同事需要帮忙，他马上就会积极地行动，甚至只是搬桌椅这样的小事，他也会立即行动。结果他把自己弄得很忙碌，感觉很有成就感，但在写方案方面，却迟迟没有任何进展。

我还有一个同事想知道如何通过自媒体积累客户。结果思考了5分钟，觉得这件事很难；接着他就想是不是应该通过线下渠道开发客户，结果又思考了 5 分钟，还是觉得不太合适；后来他又提出是不是要做一个联谊会……就是因为在最初提出的问题上思考不下去，遇到困难就逃避，他才会有"思考逃避症"。

对于第二个同事，他应该先用 5 分钟探讨哪些自媒体比较不错；然后找 20 种自媒体，如微信公众号、头条号、搜狐号、大鱼号、抖音、简书等；接着看每种自媒体有什么特点。这是他做深度思考的第一步。

第二步是思考如何写出受关注的文章。具体应该怎么做呢？他需要去研究阅读量超过 10 万人次的文章是如何写的，并对其结构进行拆解。这样就可以了吗？当然不是，因为好的文章还需要"卖"出去。

第三步是思考如何将文章"卖"出去，即如何运营才能找到更多的用户去看文章，并在看完之后愿意分享到社交平台上。

到此为止吗？当然还没有。第四步是要思考如何把产品卖出去。

深度思考就是围绕一件事认真地思考下去，直到得出结果，而不是遇到困难就去找其他事做。如何养成深度思考的习惯呢？

我的做法是，在学习时就开始思考，在每天的学习中思考。我看过的一本写文案的书讲道：最有杀伤力的广告语只有 7 个字。这是真的吗？于是，我便去百度搜索最能卖货的 100 条广告语。果然，这些很有杀伤力的广告语基本在 7 个字左右。

当然，"7"不是绝对的数字，但简单为好总是没错的。这个说法也适合文章的标题吗？不一定。在微信公众号上，有些阅读量很高的文章的标题足足有 20 个字。可见，根据媒介的不同，这个数字是有所不同的。那么，为了适应这个不同，我们应该做什么呢？那就是多更新自己的知识结构。

总之，学习的过程就是思考的过程，如果仅仅看到别人说最好的广告语只有 7 个字，你就相信并且这样去做，就失去了学习的意义。

有人明明知道某个道理，为什么一直做不好呢？对于此问题，我们会总结很多原因，如懒惰、拖延症、资源不够等。例如，很多人都知道"聚焦一点做品牌是好策略"的道理，但为什么不这样做呢？为什么他们还是愿意花时间去扩展业务呢？因为他们不知道"聚焦一点"的杀伤力有多大，也就是说他们对这方面的理解不够透彻。他们不知道一些知名的公司在"聚焦一点"之后，能获得百亿元乃至千亿元的利润，如公牛聚焦插座、老干妈聚焦辣酱、格力聚焦空调等。

此外，还有人认为"聚焦一点"就是撒网，觉得聚焦在培训行业也算聚焦。其实，培训行业可以聚焦英语培训，英语培训可以聚焦少儿英语培训，少儿英语培训可以聚焦少儿单词记忆培训。

王阳明提出"知行合一"的观点。根据这个观点，我认为，知道就应该是知道得很清楚，即不仅要知道重要性，还要知道如何做。

有人写了很长一段时间的文章，结果没有内容可以写了。怎么办？用增量思维看待输出。为什么有人写文章永远有用之不竭的内容？就是因为他们用增量思维看待输出，不会出现写一段时间便没有内容可写的问题。

存量思维是用现在的眼光看待现在已经拥有的知识，而增量思维则是用未来的眼光看待未来将会拥有的知识。例如，你的银行卡里有 10 万元，如果采取增量思维，这 10 万元可能永远不会花完，因为你还会赚钱。如果采取存量思维，你就会一直担心这 10 万元花完了怎么办。想要钱花不完，不是不花钱，而是要多赚钱。当然，有时你也要舍得花钱，让自己变好，然后赚更多的钱。

在写文章的过程中，你要想有更多的内容可以写，就应该读更多的书，积累更丰富的知识，产生更多的感悟。在我的第一本书《从0到1打造个人品牌》刚刚出版时，我就发现自己还有很多有价值的内容没写，于是下定决心要升级我的第一本书。

最初，我发现自己很难写出方案，但后来写了数百个方案，每写一个方案，内容就多一些，有时甚至还需要进行删减。如果我在看一本书时发现书中推荐了其他书，就会立即购买，以便快速增加自己的知识储备。

增量思维不仅可以用于写作，还可以用于开发客户、赚钱、扩展人脉。我们虽然可以多用增量思维，但不能被限制在目前的状态下。

有人会经常陷入学习的忙乱中，此时，应该如何有针对性地选择自己要学习的内容？在我看来，没有定位的学习与玩物丧志无异。王阳明曾经评价朱熹的"即物穷理"是玩物丧志。大致意思是，要穷尽万事万物的知识，看似很励志，其实是白费时间。

如今，对知识的焦虑让"学习狂人"到处去学习各种课程。但很多时候，他们对课程几乎是一知半解的，也不会将课程用到实处。也就是说，他们虽然天天学习，但不知道自己到底想干什么。这就是没有定位的学习。他们没有明确的发展方向，到处去学习，不仅"丧志"，而且"丧钱"。

我的一些学员报了很多课程，我会建议他们先把其他课程放下，专心学习个人定位。有的学员认为，每个课程都花了很多钱，如果不学习是很浪费的。这样想也没错，但如果个人定位都没有做好，不知道自己到底想干什么，那么学习这么多课程又有什么用呢？

当然，这并不意味着不应该博览群书，而是说要有基本的个人定位。或者可以这样说，为了找到个人定位，你可以先尝试学习一些知识，然后做决定。但最不正确的做法就是，用了 5 年，甚至 10 年的时间，还是没有找到合适的个人定位。

例如，有人先去学习社群课程，后来去学习抖音课程，现在又去学习直播课程……如果没有个人定位，学习只是浅尝辄止，又有什么意义呢？如果你的个人定位很精准，即使仅学社群营销、销售演讲，或者朋友圈文案等知识，也可以赚到比较多的钱。

如果你有了足够多的经验就会发现，很多事的规律其实是一样的。你应该用 80%的精力围绕个人定位学习，用 20%的精力博览群书。很多时候，不是要学习很多知识才能了解一件事的本质，而是只有把一件事磨炼透了才能找到规律。

从某种意义上来说，只追求读书的数量，其实也是一种玩物丧志。我们要因为书有用而读书，书是用来提升自己的能力的。之前，有个企业家问我："王老师，你能不能把你看过的书都推荐给我？"

我回答说："你不要浪费时间了，读这么书，我都替你感到累。你不妨把你需要解决的问题告诉我，我在此基础上推荐几本书给你。"

还有人想知道如何读书才可以更快。这是一个问题。但要不要解决这个问题也是一个问题。我可以随时买一本书，是因为我需要这本书。在拿到书后，我能在两个小时之内读完。尽管如此，我也会精挑细选对自己有用的内容去读。读书不是单纯地为了增加知识量，而是要根据自己的实际情况。也就是说，你处在哪个阶段，就应该做哪个阶段的事。

◆ 第一个阶段：专注一件事，狠狠地"磨"

例如，你想学习写文案，就去读十几本写文案的书。你每天朗诵，寻找语感；你常常抄写，寻找下笔的感觉；你仿写 100 个文案，达到知行合一的效果……你只要把写文案这件事"磨"精通了，就掌握了"做成一件事"的规律。

◆ 第二个阶段：专注一件事，强化技能

当掌握了"做成一件事"的规律后，你需要强化自己的技能。例如，写文案的你可以读一读心理学、营销学等方面的书——这些书是和写文案有关的书，是帮助你把这件事"磨"精通的书，是帮你提升理解力的书。此时，你还可以找个人教你速读。

但有人会犯这样的错误：以为自己有点成绩，就开始胡乱学习，买一些无关的书浪费时间和精力。对此，要坚决避免。

◆ 第三个阶段：专注一件事，拓宽知识面

如果你把一件事做得差不多了，就可以读一些管理学、社会学、哲学、文学、历史学等方面的书。此时，如果你还处于第一个阶段，那么这些书对你来说就是"天书"，因为你根本不明白作者想表达什么。

读书是为了把你的事"磨"精通，在适合的阶段做合适的安排就很好。

当发现自己有 1000 个优点时，你做任何事情都会自信心爆棚。寻找自己的优点可以提升能量。大部分人会通过寻找并弥补自己的缺点提升自己，而高手则会寻找自己的优势，通过发挥优势成就事业，这是一种最快捷的方式。

寻找优势不仅可以提升自己的信心、能量，还能间接帮助自己把优势放大。如果你发现自己有会读书的优势，就可以仔细分析这个优势，挖掘自己的逻辑分析能力。当你有了比较强的逻辑分析能力时，你就可以开设课程、组织读书会、和客户分享书中的知识等。

此外，借助会读书的优势，你还可以不断拓展读书的边界，从专业知识向哲学、国学、文学、艺术等方面拓展，然后把这个优势发挥得淋漓尽致。如果你发现自己很擅长表达，就发挥这个优势，去学习演讲，尽量登台展示自己，而不要仅仅将这个优势展示在自己的亲密好友面前。

你应该怎么做呢？每天寻找自己的优势，用一段很短的时间分析自己的优势。例如，你可以每天寻找 10 个优势，将其写在纸上，记到心里。久而久之，你会发现自己可以从一个不自信的人逐渐变为一个自信心十足的人。当见到客户、朋友时，你可以展现自己的优势，也可以让别人帮你寻找优势。

读书要有选择，别让一些书误导你。只有读好书，才能学到真知识、真经验。因此，你首先要选择好书，至少用 1 个小时去做这件事。你不要觉得是浪费时间，恰恰相反，屏蔽掉不合适的书才是对时间最大的珍惜。那么，什么书才算好书呢？你可以通过以下几个方面判断。

（1）作者有多次成功的经验（不是一次，因为一次可能是偶然），并且亲自实践过自己写的内容。

（2）作者不能是一个观察者或分析员。观察者或分析员会把话说得头头是道，很有逻辑，但是因为没有亲自操作过，不知道可能会出现的问题。

（3）书中有逻辑分析、案例、细节、总结的方法和技巧。通过看简介、目录，以及翻看中间页，我们就能分辨出一本书是不是符合这些要求。

实用小贴士

1．如果你想让学习更有效果，就必须掌握并应用自己学习到的知识和技巧。

2．在学习时，你处在哪个阶段，就应该做哪个阶段的事。

3．你需要拓展读书的边界，充分发挥自己的优势。

为什么要不断突破学习力？

_____

如何实现学习力突破？

_____

如何在写方案时运用学习力？

_____

请你评估一下自己的学习力是否达标。

_____

你读了哪些有价值的书？

_____

你会为了写方案而提升学习力吗？

_____

划时代的书也是好书。德鲁克的《卓有成效的管理者》就是划时代的书，通用电气、宝洁、海尔、联想等知名公司都是按照书中的管理模型管理员工的；特劳特的《定位》也是被反复验证的划时代的书。

在读书时，要想深耕一个领域，就先学习框架，再不断补充内容。例如，你要学习写方案，就可以先读《市场营销》，了解营销的 4P 理论，有一个整体的框架，然后不断补充内容。在补充内容方面，你可以读《一个广告人的自白》《金字塔原理》《切割营销》《爆品战略》等书。

像支取现金一样支取时间。你每个月有支出计划吗？如果你每个月有 3000 元的生活费，结果买一件衣服就花掉了 2000 元，那么你后面的日子会比较难过。你每天有计划过时间支出吗？如果你每天工作 8 个小时，结果一上午就做了一件事，那么后面的几件事就很难完成，报酬也会少很多。

如果你不注意时间的支取粒度，就会让时间白白流失，获得的收益也会大打折扣。等到一天的生活结束以后，你才后悔工作没有完成，那就太晚了。有时，时间是比金钱更重要的资源，你要像支取现金一样支取时间，缩小时间的支取粒度。

假如你只有一个最简单的技能，能赚到1000万元吗？其实，任何技能都可以有大前景。只要你掌握一个简单的技能，就可以打造个人品牌，实现千万级的收入。例如，你只会炒鸡蛋，虽然这是个非常简单的技能，但并没有人占领这个市场。在中国，很多人不会做这道菜，还有很多人无法把这道菜做得很好。甚至很多已经快30岁的人，只是做一道炒鸡蛋，就能把厨房弄得乱七八糟。

那么此时，你就可以用炒鸡蛋这个技能打造个人品牌，成为炒鸡蛋界的专家。而且你不需要成为全省第一名或者全国第一名，只需要成为第八名或第十名就可以。你可能会觉得，这么简单的菜，很多家庭主妇都会做，能盈利吗？

在全球范围内，把一道菜做到顶尖的人有很多，如"寿司之神"小野二郎。他做的寿司价格不菲，而且想吃的话还要提前半年预约。寿司是很高级的菜吗？不是。寿司是非常简单的，类似于炒鸡蛋。那么，怎么通过炒鸡蛋赚钱呢？是不是开一个饭店卖炒鸡蛋？当然不是，因为那样无法把炒鸡蛋的价值最大化。好的做法有很多，我可以给大家介绍几种。

（1）在微信公众号、快手、抖音等平台上每天传播如何炒鸡蛋，提升知名度，汇聚粉丝。因为一旦有许多粉丝认可你的这个技能，你就可以卖出很多鸡蛋。假设一箱鸡蛋的价格是200元，那么1万箱就是200万元。但你要知道，一个人一旦习惯了在你这里买鸡蛋就会经常买，假设这个人一年买10次，就是2000万元。当然，还有的人可能会一次买100箱，因为可能要作为礼物赠送给亲朋好友；也有人可能会一次买 500 箱，因为公司要做活动用。

（2）开一个家庭厨房，入驻外卖平台，可以在不交房租的情况下汇聚客户。

（3）开设一个课程，教别人如何炒鸡蛋。课程 99 元/份，放到各大平台上销售。

（4）销售打蛋器、炒蛋锅、鸡蛋保鲜盒等。

当然，你还可以策划出 10 种更简单、更轻松、更赚钱的做法。炒鸡蛋虽然是个比较极端的例子，但揭示了一个道理：你现在会的技能足以打造个人品牌，实现变现。以演讲为例，我的一个学员会演讲，虽然目前收入在 80 万元左右，但已经建立了自己的"演讲学院"。现在，很多人要加盟她的"演讲学院"，她可以借此实现裂变，获得上百万元甚至上千万元的收入。

我还有一个上海的学员是做"过敏皮肤"修复的，目前月利润是 30 万元左右。我为她规划了未来的发展，建议她开通视频号、做社群营销等。而且我还为她介绍了一个材料学教授，帮助她做品牌筹备工作。一旦她有了自己的品牌，月利润就不再只有 30 万元，而是上百万元。

不要忽视自己的任何技能，因为 14 亿人口的基数让任何技能都可以实现变现。

有一套好模式，就能赚很多钱吗？如果你按照规律做事，就能成就一番大事业。前几年，我在做咨询的过程中遇到过 5 个老板，都是才建立公司就信誓旦旦地说要让自己获得千亿级的收入。后来，这 5 家公司都在 1 年内倒闭了。所以现在，凡是听到有人一开始就说"我有一个好的商业模式，可以获得上千亿元的利润"，我就不再讲话了。

当然，这不是说创业不能有大梦想，反而应该有大梦想。以种树为例，如果你一开始就急不可待，妄图拔苗助长，那么结果很可能是无法让树成功存活；而如果你每天浇水，那么，树看似长得很慢，但只要根扎得足够深，就会成为参天大树。公司的发展也是如此。

打造个人品牌也是一样的道理，你不能一开始就想着有巨大的收入，而是要先启动，找到 1 个客户，然后找 100 个客户，接着找 1000 个客户。当有 1000 个客户时，你就会发现很多资源都来了，至于是收入百万元，还是千万元，无非是时间的问题。

你想打造个人品牌，没有任何一个步骤是可以省略的，这就是做事的规律。我遇到过不少很聪明的人，能讲出各种新模式、新技术、新理念……听起来很厉害，但很难做成事。我理解的原因是，他们总想跳过前几个步骤，就像一个聪明的小孩总想跳过前 3 岁一样，这是违背规律的。

如果我看到这样的人，通常会劝他们先从第一个步骤开始，不要总想着很大的目标，要踏踏实实地做事，因为这样是最快的，也是符合规律的。

你的日常言行暗含着赚钱的"卡点"吗？之前，有个卖药皂的同学和我说："我一直感觉药皂是个好产品，对于这件事，我不是奔着赚钱去的，更不是奔着赚快钱去的，而是想让更多的人受益。"她想通过药皂帮助身边的人获得健康，这很好，但阻碍了自己赚钱。

当一个人经常想自己不赚钱，或者在和朋友聊天的过程中经常谈自己做事不是为了赚钱，就会给自己设下一个内心的"卡点"，即"我不想赚钱"。

正所谓"心心念念，必有回响"，你想得多了，这件事就会变成事实。宇宙是有能量的，一个人散发出的心力也是有能量的。

一个人愿意做善事是很好的，但没必要天天想自己不赚钱。对此，有的人可能会说，如果我天天想赚钱，让自己有一个梦想，是不是就能赚钱呢？当然不是。很多人天天想赚钱买好车，于是进入了"魔道"，让欲望支配了自己的生活。

根据吸引力法则，只要心中一直想着赚钱，就可以赚钱。但我觉得这个表达恰恰误导了很多人。因为天天想赚钱，就代表自己目前的状态很不理想，给自己一个反面的心理暗示——我现在很差劲。一个很差劲的人，怎么可能获得更好的生活呢？

因此，你的想法应该是，自己目前就处于最好的状态，这样才能吸引更好的资源。如果你目前是一个白领，月薪 5000 元，那很好，因为你年轻有活力；如果你正在创业，且面临各种挑战，那很好，因为这是一种丰富的人生经历；如果你事业不顺利，那也很好，说明你正处于低谷，马上就是上升期了。

我做个人品牌咨询也很好，因为我不仅可以赚钱，还可以服务客户、为客户排忧解难。只有相信一切都很好，才会有吸引力。一家很缺钱的公司很难融资，而资金丰富的公司反而比较容易融资；一个很缺钱的人很难借到钱，一个有钱的人反而能顺利借到钱，就连银行也愿意贷款给他。你应该好好做事，不要让"我不想赚钱的想法"变成自己的障碍。当然，你也不用天天想赚钱，让自己进入"魔道"。

技能水平不够高，能赚钱吗？当然能赚钱。最大的障碍是什么？最大的障碍是自我心理设限。我有一个学员很想做一个自由职业者——可以一边旅行一边工作，但一直迫于生活压力，无法辞去现在的工作。于是，想要旅行的事一推再推。结果几年过去了，他还是没有旅行。

我还有一个学员是健身教练，两年前就想开设线上课程，但一直担心自己的水平不够，担心被周边更厉害的健身教练看见，还担心驾驭不了学员。所以，他准备了两年多，直到最近开始做线上课程，结果一发不可收拾，每个月都能招募到学员，甚至能招募到博士生学员、企业家学员。

人们面临的障碍往往不是专业的障碍，不是因为自己的技能水平不够，而是因为在心里给自己设置了一个巨大的障碍。水平低不是障碍，客户少不是障碍，性格内向不是障碍，最大的障碍是自己的心理关，是自己给自己的人生设限。

解决这个问题的方法就是直面障碍。假如你一直不敢上台演讲，那就演讲一次看看；假如你一直不敢离职，那就离职一次看看；假如你一直不敢表白，那就表白一次看看……除了生死关，别的关你都可以突破，要相信自己！

曾经有个学员和我说自己终于找好了定位，开发了 20 多个客户，也赚了几万元，但总感觉很累。他想知道如何才能找到新的方向，快速赚到钱。

经过了解，我知道他面临很大的经济压力，很着急赚钱。于是，我建议他先服务好前 100 个客户，而他则认为要先做一个详细地规划。因为他想在服务好前 100 个客户之后，找到更好的模式，从而让自己不那么累，并且能够多赚钱。

我和他说先服务好前 100 个客户，之后发展的方向就会清晰了，并且还会发现很多公司都愿意和他合作。即使如此，他还是感觉很迷茫。其实，这就是很多人的问题，即好不容易确定了定位，刚有起色就把很多的时间用在胡思乱想和焦虑迷茫上，而不是优化服务上。

为什么这些人不愿意把时间用在好好服务客户上呢？因为前期付出多，收获少，很难看到希望，这是一个无法避免的规律。如果你没服务好前100个客户，就无法看到前面的路；如果你无法看到前面的路，就会想放弃；而一旦你想放弃，就无法服务好前100个客户。

如果你服务好前100个客户，就会更加了解他们的需求，知道他们的想法，懂得他们的痛苦，甚至可以在他们还没说话之前就下意识地帮助他们解决问题。通过这样的方法，你可以积累大量的信任和口碑，越来越多的客户会看到你的努力，开始信赖你，觉得你是一个靠谱的人。你的影响力会越来越大，那些曾经等着看你笑话的人开始考虑与你合作。

小米的创始人雷军用了整整1年时间服务前100个客户，这件事很多人都是知道的。但这些人可能不会想他为什么这么做。现在，很多年过去了，小米成为市值近千亿美元的公司。你需要先找到1个客户，认真地服务他；然后以同样的方式，就可以找到前100个客户了。

能给钱的客户就一定要收吗？不一定。筛选客户是最好的客户开发策略。很多人都会这样做：只要客户给钱，就马上与其合作，因为这是摆在眼前的钱，不收下就会很难受。没错，很多人忍不住会收下客户的钱，尤其是目前急需用钱的人。我的一个学员是做培训和咨询的，因为急于赚钱，他什么样的客户都收。后来，他耗费了大量的时间和精力服务客户，但效果并不理想。

我建议他只留下有实力、有资源的客户，但他觉得这样会让自己失去一半的客户。其实，筛选客户会为他带来更多的客户。去年，他开始筛选客户，生意越来越好。一旦服务了不合适的客户，就需要付出数倍的精力，而且会让自己的口碑变差。一旦口碑变差，生意就会越来越差，进而形成恶性循环。

而服务好客户，就会带来更多的客户。现在，流量不是稀缺资源，为客户忠诚服务的品质才是稀缺资源。获得这个稀缺资源的方法之一是建立理想的客户画像，规划出合适的三类客户，其余的客户则尽量少一些，或者干脆不要。这样做会有如下两个结果。

（1）工作越来越轻松，原本需要工作 10 个小时，现在只需要工作 4 个小时。

（2）有更多的时间和精力学习新知识，然后服务更优质的客户。

对于这样的方法，很多人一听就可以懂，或者早已经铭记于心。但难点在于客户已经把钱转到你的微信上，你只需要点一下这笔钱就可以到账，你能不能忍住？懂一个道理不难，难就难在能不能克服自己的弱点，坚守自己的初心。

没钱做推广，怎么宣传自己？内容是最好的宣传方式。很多人在创业时没钱做推广，总觉得只有投入大量的钱才能宣传自己。并不一定。在创业初期，钱太多可能并不是一件好事。目前，有一些平台可以打广告，如微信公众号、头条号、搜狐号、抖音、快手等。这些平台都是可以带来流量的渠道，但如何才能使其达到最好的效果呢？"秘密武器"是内容。

头条号、知乎、抖音都在大力扶持优秀的内容生产者。但你在这些平台上见过多少特别优质的内容？很少。如今，优质的内容是非常缺乏的，因为难生产。所以，只要你能生产优质的内容，哪怕没有钱打广告，依然会有大量的粉丝。

我的一个学员是卖护肤品的，有 5000 个粉丝，一年的销售额大概是 2 亿元；还一个学员是做文案的，有 3000 个粉丝，一年的净利润高达 300 多万元。可见，你无须追求粉丝的数量，现在很多人在都抖音上有上百万个粉丝，但变现能力十分有限。

如果你想低成本吸引粉丝，我的建议是采取 1+1+1 原则，即 1 个适合的定位、1 个适合的平台、1 个输出的习惯。只要坚持 1 个月，这个方法就会见效；只要坚持 3 个月，这个方法就会创造收益；只要坚持 3 年，你就会有更意想不到的收获……坚持输出优质的内容是最好的，也是最快的宣传。

把"不想赚钱"挂在嘴边的人，内心往往是匮乏的。这不是执着，而是执着自己的"不执着"。前段时间，有个学员向我咨询，说了这样一句话："我不是想赚多少钱，而是想做一件有意义的事。"我让他把这句话写到本子上，并要求他永远忘掉这句话。

他想做一件有意义的事，这非常好，说明他很善良，但同时赚钱又有何不可呢？如果想做有意义的事，你可以做以下 3 种选择。

（1）做有意义的事，不赚钱。

（2）做有意义的事，根本不想赚不赚钱。

（3）做有意义的事，赚很多钱。

在这些选择中，你为什么要选择最差的呢？而且，很多人居然把"不赚钱"挂在嘴边。

如果你时常留意就会发现，经常想不赚钱的人不仅赚不到钱，往往生活很窘迫，而且什么有意义的事都没有做成。

有一次，我去朋友家喝茶，发现他不在朋友圈展示自己的医术了，便问他为什么。

他回答道："自从学习了'不执着'的理念，我现在已经不执着了。"

我立刻放下茶杯和他说："我现在和你好好分析一下，你究竟是执着还是不执着？你是一个医生，职责是治病，而且你的医术很好，已经治好了很多人的病。你现在不执着了、不宣传了，任凭病人忍受疼痛，而自己却在享受这一切。其实，你执着的就是自己的'不执着'。"

他本可以做一件有意义的事，赚更多的钱，帮助更多的病人。如果一个人把"不想赚钱"挂在嘴边，实际上从侧面体现出他需要被认可、被爱戴。一个心灵自由的人会大大方方地获取回报，也不会太在意自己的得失。他的原则是自由自在、顺其自然。

听话照做很难赚大钱，只是最低策略。就像投资，无论投资股票，还是投资基金，还是投资房产，道理都是一样的，如果你听话照做，在大部分情况下是不赚钱的，或者赚一点小钱已经算很幸运了。

有一次，我和一家世界 500 强公司的总经理吃饭，突然说到了股票。他立刻就站了起来，非常气愤地说："我之前听了朋友的话，买了 100 万元的股票，赚了几万元后就抛了。如果我一直坚持到现在，就能多赚 1500 万元。"没错，他为什么不能多坚持一段时间呢？因为他听了别人的话。

我的另一个朋友听其他人说可以在深圳买房子，便于 2010 年买了 4 套房子，又于 2015 年全部卖掉了，因为觉得价格很高。如果当初他不卖掉房子，按照现在的行情，会多赚 2000 万元。他没有看到本质，只是听别人的意见就把房子卖掉了，导致自己损失了一大笔钱。

只有充分理解一件事的本质，才能稳妥地赚到钱。一个对投资认知深刻的人投资 100 万元，10 年之后能变成 1000 万元；一个不懂投资的人投资 100 万元，10 年之后只剩下 10 万元。我从来不鼓励学员听话照做，而是要求他们深刻理解一件事的本质。能赚大钱的人往往是具有先见之明的人。

提到赞美，有人觉得是表面功夫，有人觉得可以获得好感，有人觉得是在讨好别人。实际上，恰到好处的赞美往往有深层的意义。赞美足以引爆一个人的事业。每天三次赞美能激发一个人的潜力。

世上有三样很重要的东西：物质、精神、能量。

一个女人穿一件好看的衣服，是物质；将这件衣服穿出优雅的感觉，是精神；获得深刻的赞美，是能量。在真诚的赞美下，她的魅力会提升，甚至工作效率都可以提升好几倍。

如果一个男人获得赞美，尤其是在乎的人的赞美，就会自信十足，拥有奋斗的勇气。例如，在篮球场上，一声声"加油，你们真是太棒了"会让球员们英勇拼搏。一个人如果能量充足，就会变得很有智慧。每天早上赞美对方，坚持一个月，保证效果会非常令人吃惊。那么，应该如何赞美呢？

（1）发现对方身上的优点，及时赞美，不仅要赞美表面，还要挖掘背后的原因。

（2）不要放过任何机会，哪怕一件小事也不惜去赞美。

你赞美什么就会得到什么。如果你对同事说："你今天把桌子擦得很干净，真是辛苦了！"接下来，你猜会怎么样？我想，你的桌子连续几天都会很干净的。所以，不要吝啬，请尽早开始你对别人的赞美。

实用小贴士 ✛

1．你只要可以熟练地运用一个技能，就能打造个人品牌，获得丰厚回报。

2．不要总是把"不想赚钱"挂在嘴边，这不是执着，而是执着自己的"不执着"。

3．听话照做很难赚大钱，我们只有充分理解一件事的本质，才能稳妥地赚到更多钱。

4．恰当的赞美可以引爆一个人的事业，请不要吝惜自己的赞美。

本节核心内容是什么?

_____

你学习本节的收获是什么?

_____

赚钱力对写方案有何作用?

_____

你每个月有支出计划吗?

_____

你有哪个或哪些其他人不具备的技能?

_____

请你为自己打造一个个人品牌。

_____

你真心地赞美过自己身边的人吗?

_____

✛ 规划力突破：

预见你的美好未来

定目标和立志是一回事吗？为你的事业种下一颗种子，总有一天会成为参天大树。王阳明认为，想学习要先立志。做事当然也是如此。为什么有智慧的人都要把立志作为第一法则呢？因为它太重要了。有了志向，你就不会再迷茫，也不会因为波折而焦虑。

王阳明说："见得时，横说竖说皆是。若于此处通，彼处不通，只是未见得。"这句话的意思是，如果你看见了，那么无论别人怎么说，你都能理解；如果你似懂非懂，那是因为还没有把握最本质的道理。

对此，我的体会是，立志有如下两个重点。

（1）让志向入心，并且经常复盘，看看自己是不是忘记了。

（2）要坚持实践，不断在志向上磨炼。

让志向入心不是一句口号，而是需要不断磨炼的，因为这样才能逐渐理解其中的真意，然后获得无形的力量。对此，很多人都出现了错误，认为志向是赚钱的目标。实际上，赚钱不足以激发一个人的内在驱动力和潜在能量。当然，你可以有赚钱的目标，但这个目标和志向是两回事。

志向是一颗种子，这颗种子会发芽，而且只要你不断磨炼，在正确的道路上行走，这颗种子就会成为参天大树。在这个过程中，你不必担心结果，它自然会呈现你意想不到的结果。

有的人不是坚持了 10 年，而是在一个地方"躺"了 10 年。坚持做一件事很重要，但坚持和"躺"着不动是两回事。有个学员来咨询，认为定位很重要，说他就是因为没有定位而迷茫了很多年。但后来，他又提出了一个疑问：为什么有些人定位很清晰，也坚持了 10 年，却没有获得成功呢？

在我看来，这些人虽然每天都在坚持，但并没有努力打磨过自己的定位。例如，有人做菜做了 10 年，却没有成为一个高级厨师。那些成为高级厨师的人不仅做菜，还会精心挑选食材、研究火候、考虑如何配菜、学习食谱、不断地练习一道菜、询问客人的意见、把菜摆得更好看……如果一个厨师从来没有做如此完善的安排，那和"躺"在厨房有什么区别呢？

你在写文案时也可以扪心自问，自己有做过下述这些事吗？

（1）研究 1000 篇文案。

（2）看 100 本文案书。

（3）留意广告牌的文案。

（4）在咖啡馆翻看文案书。

（5）抄写 1000 个文案的标题。

（6）研究文案心理学。

（7）研究文案背后的逻辑。

（8）研究文案是如何激发人的情绪的。

没错，定位是成功的关键因素，但如果只是在表面用功，没有"格物"的精神，不去用心打磨，就像"躺"了10年。这样何谈成功呢？

定位不同，收入相差10倍。不要在错误的道路上疯狂努力。我有两个同事经常在一起打球，其中一个是人力资源经理，另一个是销售经理。他们的口才和逻辑思维都很好，年龄都是二十六岁。人力资源经理的工资比销售经理高，但在发奖金时，销售经理的奖金相当于人力资源经理的5倍。一年下来，他们的整体收入相差至少3倍。这并不算什么，他们依然相处甚欢。

三年之后，销售经理成为销售总监，人力资源经理成为人力资源总监。但销售总监的工资相当于人力资源总监的2倍，年底奖金更是相差8倍。因此，他们一年的收入相差10倍以上。然后，销售总监离职，成立了自己的公司，公司的营业额高达700多万元。此后，他们的差距越来越大，甚至大到不可逾越了。

你发现了吗？不同岗位的人收入相差甚远。更重要的是，有些岗位对一个人日后的发展有很大帮助。

我还有两个同事是做活动策划的。后来，他们离职，A去了广告公司做活动策划，月薪8000元；B去了互联网公司做运营策划，月薪1.2万元。一年后，A的月薪依然是8000元；B的月薪则涨到了2.5万元。前段时间，

A 所在的广告公司已经快要倒闭了，他虽然可以拿到提成，但工作很不顺心；B 自己创立了一个互联网项目，融资 500 万元。B 获得的融资金额虽然不多，但开启了自己的事业，在互联网项目中找到了属于自己的位置。

你发现了吗？不同的行业的人收入相差甚远。而且有的行业机遇很多，有的行业则困难重重。

我有个学员会文化建设、管理、销售、人力资源等多个方面的培训。你是不是能看出这几个方面收入相差甚远？我还有个学员擅长写文案，这样的定位看似很精准了，但依然有写公众号、写新闻稿、写朋友圈、写销售信、写公司简介等 20 多种选择。更重要的是，每一种选择所产生的收益大不相同。

之前，如果有人说有资源要提供给我，我肯定马上就上门去谈。后来我发现，谈成的概率实在低得可怜。如果有人跟你说他有资源，你一定要仔细分辨，看看他说的是真是假。

如果他仅仅认识一些人，这算资源吗？不管他认识的是多么厉害的人，基本不算资源。因为他无法完全保证让你谈成生意。如果他有一块自己花钱买的土地，或者有一个自己建立的工厂，这算资源，因为他可以随意掌控。

最近，有个朋友向我咨询个人品牌，我报了价格，还表示达不到效果随时可以退。

她和我说："我有资源，认识很多上市公司的老板和投资者，我把他们引荐给你，你免费给我做咨询。"

我说："既然你有这么好的资源，又这么有钱，为什么不直接花钱咨询呢？而且我的承诺是你至少可以赚比之前多 10 倍的钱。这样的条件已经非常不错了。"

结果 1 个多月过去了，她还在说要和我合作之类的话。我再次强调，如果达不到效果可以退钱给她，但她依然打着提供资源的名义要求和我合作，而不是付费。所以，我断然拒绝了她。如果在 5 年前，我会幻想一下她背后有什么资源，但现在，我连她的钱都赚不到，就更不会想她背后的资源了。

一个不愿意付费学习的人，身边也会聚集一群不愿意付费学习的人。我算过这笔账：如果把时间花在谈资源上，收获是不确定的，而且是零散的；如果把时间花在已经付费的学员身上，多关注他们，让他们出成绩，收获是确定的。而且，把时间花在自己身上，多读书、多精进、多健身，收获也是确定的。

对自己的定位犹豫不决，担心走错了路怎么办？有人总是因为害怕走错路而迟迟不行动；还有人因为看了书中的描述，了解到要多维度探索，所以一直在探索，尝试了很多行业，最后一直拖到 30 多岁还是没有定下来究竟哪个行业适合自己。其实，定位也是有阶段性的。

◆ **第一个阶段：探索**

如果你刚过 20 岁，确实不知道自己能做什么，你可以花时间去探索自己的多种可能性，如做销售、写文案、做演讲、学咖啡、炒股票……一旦你对哪件事有感觉，就多在这件事上花些时间。

◆ 第二个阶段：定方向

如果你 30 多岁了，那么应该知道自己能做什么、不能做什么，要有自己的方向，而不是左右摇摆、前后纠结。古人云："三十而立。""立"就是立志去做什么，用现代的语言来说就是定位。例如，你找到了写作这个方向，就不断探索，学习写作的技巧。此时，你虽然有了方向，但也不必就直接定位到狭小的细分领域。只要方向是正确的，基本没有太大的问题，等探索一段时间后你就会发现，有些细分领域特别适合自己，而且市场需求大、能赚钱。

◆ 第三个阶段：定细分

在一个方向上深耕了一段时间后，你会发现某个细分领域特别能赚钱。此时，你就应该进入这个细分领域，让自己的定位更精准。例如，在文案这个方向上，你可以做营销文案、品牌文案、故事文案、电影剧本、朋友圈文案等。

之前，有人抢占了朋友圈文案的位置，脱颖而出了。那么，你是不是还可以做朋友圈文案？当然可以。你可以有一套不同于别人的朋友圈文案体系，同样能赚到很多钱。任何一个细分领域都有竞争对手，没有竞争对手的细分领域需求量通常很少。竞争优势不是定出来的，而是做出来的。你可以有天赋，但最终的优势是努力做出来的。例如，写作是你的天赋，即使如此，你还要每天坚持写文章，365 天不间断，把文章修改 10 遍，甚至 20 遍。直到帮助读者获得知识，你才能把自己的天赋完全发挥出来，否则无论你的定位有多好，天赋有多高，都可以因为后天的懒散而荒废掉。

为什么你的定位一直变来变去，绕了很多弯路？定位就是定心，定心就要正心。我有个学员在3年的时间内做了4件事情，非常努力，有时每个月能赚到30万元。之前，他凌晨两点还在回复客户的信息，结果把身体累坏了，赚的钱也花完了。现在，他很焦虑，开始怀疑自己做的事是不是不好，于是就去做了另外的事。

我问他："你擅长自己做的事吗？"

他说："还可以。"

我又问他："你喜欢自己做的事吗？"

他说："没有特别喜欢，也没有特别不喜欢。"

我接着问他："为什么凌晨两点还在回复客户的信息呢？"

他说："我要赚钱，担心客户不和我合作了。"

你看到了吗？所有的问题都是围绕能不能赚到钱。如果不能赚更多的钱，他就开始焦虑，怀疑自己是不是做了不正确的事，于是就换一件事做。

后来，我问了他几个问题：你有多少时间是在真心想客户？是不是因为要赚钱才会想客户？你换了几件事做，这些事真的是你喜欢的吗？你做的事能把自己的特长发挥出来吗？他突然感到很吃惊，因为好像从来没有想过这些问题。过去，他只要看到赚钱多的事就会去做。这种不是"安心"做事，而是"看钱"做事的想法带来的能量。对此，身边的客户是有感觉的。

只有定心，非常有诚意地做事，进步才是飞快的。诚意正心才能修身齐家，才能治国平天下。这就是在启示人们要非常有诚意地去做一件正确的事。你在做一件正确的事时，不会因为客户暂时不买单就非常焦虑，也不会因为身边的人多赚了几万元就更换自己的定位，更不会因为能多赚钱而销售劣质的产品。

只要你有诚意，客户就有诚意，就不会因为你凌晨两点不回信息而走掉。所以，定位要定心，定心要正心。一个人的心正了，气场也就变了，也就不会那么患得患失了。

如果你一直走在一条正确的路上，要做的事也是对的，那么不断地向前走就可以了。至于有没有人从你身边"超车"又有什么关系呢？那些喜欢"超车"的人往往最容易走弯路。如果你不走弯路，就会顺利到达终点，而且速度非常快。

定位不同，收入差异究竟有多大？只有高价值的定位才能获得更多的收入。

有4个人，都是小学毕业。A 在老家种田，一年能赚2万元；B 在开滴滴专车，一年能赚10万元；C 在开美发店，一年能赚100万元；D 在开美容连锁店，一年能赚1000万元。同样的学历，身体最累的人赚得最少，干活最少的人赚得最多。

我认识一个女孩，每天写文章，虽然文章很长，但就是赚不到钱；我还认识一个女孩，写一篇文章能获得5万元的报酬。她们都擅长写文章，用的时间也差不多，为什么收入差异这么大呢？因为定位不同。

人们之所以找不到高价值的定位，不是因为不知道有别的事可以做，而是因为无法站在更高的地方做决策。如果没有人指导和带领，有的人数年乃至一辈子都找不到高价值的定位。如果你想获得更多的收入，就必须放大自己的心量，站在更高的地方寻找高价值的定位。

你和高手的差距在于提炼概念上。写文章是基本能力，提炼概念是高级能力。如果你继续向上走，就需要具备提炼概念的能力。伟大的人都经过苦思冥想，提炼了高度概括的概念。例如，牛顿的"万有引力"、麦肯锡的"金字塔原理"、雷军的"互联网思维"等。

什么是提炼概念？就是把一个有体系的内容用几个极为简洁的字表达出来。提炼概念更有利于传播，更方便读者记忆和理解。不过，概念还要有具体的系统理论支撑，否则只是一个口号而已。雷军的"互联网思维"有 7 个字：专注、极致、口碑、快，每个字都有极其深刻的含义。即使现在，甚至10 年后，"互联网思维"依然非常有效，只不过很多人将其当成一阵风，并没有认真思考。

关于写方案，我提出"4 步极简撰写法则"。从字面上看，这个法则有4 步，非常容易理解。当然，这个法则也有体系：第一步，分析；第二步，策略；第三步，规划；第四步，执行。我的另一本书《从 0 到 1 打造个人品牌》（图书封面如图 6-1 所示，图书知识架构如图 6-2 所示）有关于定位的个人品牌金字塔理念、知识树理念，大家读完可以直接使用。

提炼概念是传播观点的最好的方式，是对价值的高度浓缩，从古至今都是这样的，如王阳明的"致良知"。如果你想让个人品牌走向更高层级，就要拥有提炼概念的能力。

图 6-1　图书《从 0 到 1 打造个人品牌》封面

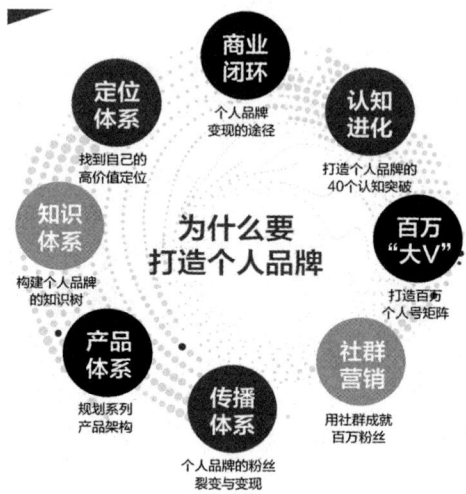

图 6-2　图书《从 0 到 1 打造个人品牌》的知识架构

一个人做小事坚持久了也会获得大能量。坚持带来的不仅仅是财富，还有能量。有个朋友知道我坚持写"每日1问"已经500多天了。我问他："你记住我写了什么内容吗？"他说："你写了很多内容，但具体是什么我已经不记得了。"

　　他都没有清晰记得"每日1问"的内容，却记得我每天都坚持写。他会感觉，我是因为坚持写"每日1问"，才有学员报名个人品牌训练营、才有人找我1对1咨询、才有商学院找我讲课程、才有电视台找我合作……他会觉得身边有我这样每天坚持做事的人很好。

　　我身边有坚持每天健身的人，有坚持每天写作的人。对于这些人来说，坚持做一件事不仅可以带来技能的提升，还有能量的积累。如果你想成就一番事业，只要长期坚持做一件小事，就会收获巨大的能量、吸引众多的资源。

实用小贴士 ✛

　　1．立志有两个重点：让志向入心，永远记得自己的志向；坚持实践，积极磨炼。

　　2．定位是成功的关键因素，我们不能只在表面用功，也不要在错误的道路上疯狂努力。

　　3．定位可以分为三个阶段：探索、定方向、定细分。我们要围绕这三个阶段为自己定位。

规划力和立志与定位有什么关系?

_____

本节传递了怎样的价值观?

_____

如何找到正确的路一直走下去?

_____

你每个月有支出计划吗?

_____

你的志向是什么?

_____

你的定位为你带来了怎样的收入?

_____

你每天都会坚持做的事是什么?

_____

✛ 发展力突破：

引爆你对事业的掌控能力

当你在两件事之间纠结时，如何做出正确的选择？从良知出发，做对他人有利的选择就是最正确的。你可能会觉得，这意味着不在乎赚钱的多少，只要做善事就会有善报。这只是表层的现象，根本的原因是什么呢？当一个人产生一个念头以后，这个念头会在潜意识中长大，长大到 1 万倍乃至数十万倍。此时，这个念头就会成熟，进而变成现实。

你产生一个好的念头，随着时间的推移，它会变成完整的意识，这个意识会吸引同频的人和你一起做事，然后把你的所想变成现实。例如，你产生了一个要治病救人的念头，之后，你就会不断地吸引优秀的医生，以及愿意投资的投资者，最后建立一家医院。很多公益性医院其实就是这样来的。

念头的力量无比强大，会吸引很多有正能量的人帮助你。只要念头日益强烈，最后就很可能变成现实。

所以，如果你面临两个选择，不妨问问自己的良知，哪个选择是正能量的，是有益于他人的；哪个选择是为了赚钱的，是为了私利的。正确的选择会帮助你成就事业，赚钱也是必然的事。错误的选择尽管可以让你赚很多钱，但如果你德不配位，这些钱最后还是会还回去的。

所以，只有跟随自己的初心，从良知出发做选择才是最正确的。

为什么有些人做了很多事，却没有成功？我身边有些人在 8 年内做了 5 件事，每件事做不到两年就放弃，直到 30 岁才发现自己没有核心竞争力。这就是典型的各种事都了解一点，但没有一件事是精通的。没有核心竞争力的人想找到高薪的工作并不容易，而工资低的工作又不愿意做。

眼看一年一年过去了，他们还是无法定位好自己的主业。这种不断更换定位，让自己无法真正把一件事做深、做透的行为很难找到突破点。而且，不断更换定位的一个致命点是累积的资源会归零。

对此，你可能会说，只有尝试更多的行业，才会有更多的可能性。没错，只有尝试得更多，自己的见识才能更广泛，才能有更好的选择。这对于刚开始做选择的人来说非常有利，但一旦确定了自己的定位，就不要轻易改变。那么，难道定位确定后，就不应该去学习别的知识了吗？当然不是，不仅要学习，还要广泛地学习，因为只有这样才能拓宽思维层次。不过，学习是为了给自己的主业使用的，而不是看见一个新的机会马上就冲上去。

在任何一个行业中，能够赚钱的都是 20% 的高手，另外的 80% 则只能赚到平均工资水平，所以要让自己成长为 20% 的高手。而要达到这个目标，最重要的事情只有一件：找准自己的定位，确定自己一生为之奋斗的事，并不断挖掘。

如何做事才能发展自己的核心竞争力？答案就是提升创造力。未来，随着人工智能的发展，真正有价值的是创造性的工作。只有能创造新概念、新理论、新技术、新方法、新作品的人才会被市场认可。重复性的劳动所创造的价值会获得平均收入，而创造性的工作则随时会获得高价值。

一般而言，每过 5 年就会更新一轮商业机会。例如，如果在 5 年前谈个人品牌，可能没人理，但现在有 10 万名粉丝的个人品牌十分常见。你需要有创造性的工作。例如，做蛋糕就要做有互联网特色的蛋糕，让人们看着就想吃；做健身就要有趣，能够让人克服懒惰。这些都是创造了一种新的方法。

那么，如何做才能让自己有创造力呢？创造性的工作其实也没有多么难，无须像科学家一样发明一种新的东西，最简单的创新就是重新组合。这件事很多人都能学会，只是要培养大脑多思考的习惯。

这个习惯的培养至关重要。例如，你去吃饭，可以观察饭店有何可以改进的地方；你去买衣服，可以观察店员如何说话；你走在路上，可以看看哪些广告可以更好，哪些广告白白浪费钱；你去朋友家做客，可以看看他如何处理家庭关系。

当养成了思考的习惯后，无论行业如何发展变化，无论经济是好是坏，你都有核心竞争力。

想让自己的创造力有提升，你需要做如下几件事。

（1）多读书，吸收书中的智慧。

（2）多听讲，吸取别人的经验。

（3）多观察，开动自己的脑筋。

（4）多复盘，让自己行动起来。

我的能力不够，可以创业赚钱吗？其实很多时候，你不是能力不够，而是无法突破心理设限。我有一个学员是瑜伽教练，能力处于初级水平，很想做一个线上的课程，但是发现自己身边有很多非常厉害的瑜伽老师都没有做，便担心自己做了之后会被这些瑜伽老师嘲笑。这就是给自己做了一个心理设限。

我和他说，你要做一个瑜伽课程，并不是要卖给更厉害的瑜伽老师，而是要卖给本来不会瑜伽的人，这有什么可担心的呢？对于本来就不会瑜伽的人，你只需要教 10 个动作，他们就会受益良多，所以，为什么要给自己心理设限呢？

任何一个级别的人都可以把自己的知识讲给别人听。如果现在你处于 60 分的级别，就可以把自己的知识讲给处于 50 分的级别的人听。你根本不用担心自己的知识不够，因为还有比你更低级别的人，当然，也有比你更高级别的人。

不要给自己心理设限，勇敢去做。当然，你要不断精进，不惜一切代价去学习，成长会让你的个人品牌更强。成长了以后，你获得的收益也就更丰厚了。

你做了几件事，感到非常累，客户却不愿意买单，为什么？之前，有个学员来向我咨询，说："我每天都很忙，早上做计划，晚上做总结。"

我说："这非常好，因为你做事很有方法。"

她说："我就做三件事，一个是卖养生产品（要带团队）、一个是做理财教育、一个是写朋友圈文案。"

我说："你有哪件事是做到行业前20%的呢？"

她说："我身边的朋友都觉得我做得很好。"

我说："那你身边的朋友都愿意买单吗？"

她说："很少。"

显然，身边的朋友觉得"好"是一种假象，因为如果他们确实觉得好，就应该买单才对。你有做过这样的计划吗？每天做很多事，但每件事都毫不相关，把自己弄得很忙，又不赚钱。如果你只把事做到5分，那么别人是不愿意买单的，此时，你就需要拼命推销；如果你把事做到8分，那么身边的人会主动买单，你也不需要每天推销；如果你把事做到9分，就可以收高价钱，而且还可以挑选客户。

你做三件5分的事不如做一件8分的事，这样可以多赚许多的钱。你有见过通过卖养生品，一个月赚10万元的人吗？答案是很多。你有见过通过做理财教育，一个月赚30万元的人吗？答案是很多。那些顶尖的微商、理财老师、营销咨询师一年赚几百万元，甚至上千万元都是常有的事，因为他们足够专业。

但为什么你做3件事，一个月还赚不到3万元呢？因为，时间分散就很难把一件事做精通。俗话说："人要有一技之长。""长"是什么意思？就是比别人做得好，做得精通。你需要重视对"一技"的打磨。不要以为做的事多就能赚更多的钱，正所谓"一技之长大于三技之短"，你要坚持长技通吃，短技不吃。

为什么要经常链接更高层次的人？与高层次的人沟通是一种能量的吸收。曾经有几年，我一直保持和同等水平的人沟通、约见、吃饭，因为我是做品牌顾问的，周边大多是做策划、设计的。

直到 6 年前，我改变了这种方式，只用 30% 的时间与这些人沟通，其他时间与销售人员、企业家沟通——他们给我提供了不同的知识，不同的思维。我学会了如何开发一个客户，如何在公司之外做副业，如何签下 20 万元的订单。6 年前，我虽然也谈大客户，但都是站在公司的立场上谈的，和自己谈客户完全不一样。

在接订单时，我开始与不同层次的企业家沟通，有年销售额几百万元的，有年利润几千万元的。经过两年的时间，我开始感觉与他们沟通是自然而然的事。他们会谈如何做生意，如何想尽办法搞定项目，如何疏通关系。这些企业家做事执着、坚定、会想尽办法。与以前沟通的上班族相比，他们可以让我的才能全方位地释放。

4 年前，我开始去谈一些年收入过亿元的企业家。起初，我感觉很不自在，因为除了要咨询的项目，我不知道应该和他们谈什么。但经过 1 年多的时间，我开始放松下来，没有业务也会邀请他们喝喝茶、聊聊天。

除如何赚钱外，他们会谈如何做慈善、如何开一家养老院、如何帮助身边的创业者、如何更爱自己的家人等内容。与几个更高层次的人谈，即使谈的内容一模一样，感受也完全不同，因为能量场不同。那么，如何才能与他们建立链接呢？

（1）要有一项他们需要的技能， 是他们的团队及朋友无法提供的技能。

（2）要有一颗奉献的心，让他们感觉你是一个值得信赖的人，而且这种感觉是要从内而外散发出来的。他们都是阅历丰富的人，可以知道你身上是正能量还是负能量。

有同样的技能，为什么有人月入1万元，有人月入10万元？影响力决定财富创造力。在同样的技能下，收入的多少取决于什么呢？取决于谁的产品卖得更多或者更贵。那么，怎么让产品卖得更多呢？这就看谁的影响力更大。事实就是如此，谁的广告打得响、谁的知名度就高，卖的产品就多而且贵。

一般人的影响力是多少？大概在20人到200人之间。因为1对1沟通，点对点做生意算不上影响力，仅仅是处于认识的层面。什么是影响力？影响力就是有多少人认可你。你认可多少人不是你的影响力，而是别人的影响力。所以，不要沾沾自喜地说你认识谁，而要说有谁会主动认识你。

下面计算一个打造个人品牌的人的影响力。假设这个人仅仅有1000位粉丝，那么他的影响力是1000人，每个人贡献1000元，就是100万元。这个人通过不断输出自己的思想，就会有更大的影响力，然后粉丝会逐渐多起来。经过一到两年的积累，这个人的影响力会变成1万人甚至10万人，上不封顶。

打造影响力是终生的事业，不会随着更换工作或者更换生意而消失。

看似完不成的工作，结果被人"逼"一下就完成了，你的启示是什么？不"逼"自己一下，你都不知道自己有多大的潜力。

有一次，我建议一个学员每天早上6点起床，写一些文章，但她表示自己做不到。后来，我让她编辑这样一条微信，在自己的群里@所有人：我要坚持每天早上6点起床，然后写一段日记发出来，如果做不到，就发100元的红包。我要求她必须这样做，因为有如下两大好处。

（1）早起会让人看起来更年轻、有活力。

（2）写日记会让能力提升，事业发展。

她犹豫了一周，最后还是来找我，但非常害怕自己做不到。于是，我让她拿出手机编辑好微信立刻发出去。1个月过去了，她还在坚持；2个月过去了，她养成了很好的习惯，不用闹钟就能早起。现在1年过去了，她的咨询费可以收到10 000元/人。

2020年12月，我在一九个人品牌私董会上问："有谁愿意写书？"结果有11个人说愿意。

我说："我们一起做一个写书启动仪式，把自己说的话记录下来，如果2021年7月1日无法交稿，就在群里发1万元的红包。"

然后，他们就开始紧张，当然也开始行动。但如果没有这个写书启动仪式，可能80%的人在3年之后还没有动笔。而有了这个写书启动仪式，则有80%的人会在规定的时间内写出一本书。这中间的差距是不是很大？有时，你不敢突破自己，是因为不知道自己的潜力。

所以，要随时"逼"自己一下，让自己的能力不断提升，或者也可以找一个能看清方向的人"逼"自己一下，把自己的潜力激发出来。

成为客户的第二选择，等于客户不选择。你不一定要"高大上"，但必须有自己的风格。为什么明星带货和网红带货的区别特别大？因为网红的处境可能和曾经的你一模一样，你能理解他，所以对他感同身受，他卖什么东西，你都会支持。所以，为普通人打造个人品牌要选择接地气的方法。过去，人们总是想把自己弄得高大上，希望把名牌的产品都放到自己身上，而现在，人们更多的是本色出演。接地气的方法并不是不需要设计，而是需要定位设计、形象设计、风格设计……你需要把优质的本色突出出来，传递出去，否则别人对你的印象就会非常混乱。

例如，你是健身教练、饭店老板、心理咨询师，还是蛋糕师……在别人的心中，你可能就变成一个什么事都能做的"杂货铺"。在这种情况下，人们要健身，会选择专业的健身教练，而不是你；人们想做心理咨询，首先想到的也不是你；人们要买蛋糕，首先想到的同样不是你……你永远是人们的第二选择，而第二选择，就等于不选择。

有些人认为，多做几件事，就可以多赚钱。其实用长远的眼光来看，恰恰相反。你做的事越多，就会越累，也越不赚钱。以形象设计为例，你要在网上传播，微信头像就不要轻易变。你有没有这样的感觉：微信头像一换就认不出来了。

你可能会说，即使我换了微信头像，朋友也认识我，那是因为你的朋友不多。而且即使你的朋友忘记你了，你还可以一一通知。如果你有 10 万名粉丝，怎么通知？还有很多人在网上默默关注你很久，但你根本不知道他们的存在，此时又应该怎么通知？

在这方面，乔布斯做得非常好，一直都以牛仔裤、黑色套头衫、运动鞋的形象示人。这样做的结果是，即便背面拍照，别人也能认出他，因为个人特色太明显。但如果你是女生，这么单调的形象肯定会把你弄得很不开心。那么，你就可以选择一个代表风格：如果你长得清秀，可以选择仙女风格；如果你有马甲线，可以选择运动风格；你还可以选择成熟风格……

一个人的成功往往源自很多人希望他成功。获得别人的帮助和认可，就是获得更多的能量。你曾经有过这样的感受吗？想了很久都想不通的问题，和身边的朋友都聊了还是解不开困惑。后来，你找到一个人，只要和他聊天就可以豁然开朗。

你身边的人，往往都是和你在同一个层次的人，你们的思维方式是相同的，所以可能很难对你产生帮助。而层次更高的人，也许只需要一句话就能点醒你。

最近两年，我遇到过两个老师，每过一段时间，我都会向他们请教，和他们一起吃饭、聊天，结果很多问题都迎刃而解了。那么，别人为什么愿意帮助你呢？原因之一是，你是一个值得帮助的人。你有没有遇到过这样的人：他很聪明，但你不敢与他合作，总是担心他的私心太重。人们都不愿意和这样的人合作，所以，只有做一个诚信、正心的人，才可以获得别人的帮助。

此外，你还可以付费请求帮助，这是最容易做的。你付费，别人自然会全力以赴地帮助你。有时，虽然你不付费也能获得帮助，但获得的不是全力以赴的帮助，而是点状的、局部的帮助。因此，付费越多，你获得的帮助的性价比越高。但千万不要忘记诚信和正心，否则即使付费，别人也不敢帮助你。

在获得帮助后，你要感谢对方，发红包、送礼物都可以。但如果你没有任何表示，帮助你的人会越来越少。

实用小贴士 ✦

1. 当你面临两个选择时，问问自己哪个选择是正能量的，是有益于他人的；哪个选择是为了一己私利的。正确的选择会成就你，让你的事业更上一层楼。

2. 提升创造力可以让你的核心竞争力得到发展。

3. 与做三件 5 分的事相比，做一件 8 分的事会让你更有收获。

4. 我们要敢于"逼"自己，让自己的能力不断提升，把自己的潜力充分激发出来。

本节的核心概念是什么?

_____

本节提到哪些突破发展力的方法和技巧?

_____

提升创造力的策略是什么?

_____

你在做选择时有跟随自己的初心吗?

_____

你有足够的创造力吗?

_____

你想用什么方法提升自己的创造力?

_____

你如何与高层次的人建立链接?

_____